家庭通信社と戦後五〇年史

『生き路びき』と女性の生き方

Sekine Yoshiko

関根由子

論創社

家庭通信社と戦後五〇年史――『生き路びき』と女性の生き方

目次

第Ⅰ部

第Ⅱ部

第Ⅲ部

第Ⅳ部

第Ⅴ部

第Ⅵ部

家庭通信社と戦後五〇年史――『生き路びき』と女性の生き方

インタビュー・構成　小田光雄

第Ⅰ部

1　前口上

――今回は家庭通信社の関根由子さんに登場をお願いしました。ただ関根さんと家庭通信社は出版というよりも、新聞ジャーナリズムに立ち位置がありますので、「出版人に聞く」シリーズ番外編と見なし、インタビューをさせて頂きます。そのモチーフを先に挙げておきます。

「出版人に聞く」シリーズ20として、河津一哉、北村正之さんの『「暮しの手帖」と花森安治の素顔』を刊行しましたが、おふたりにしても花森安治にしても、男性であるので、『暮しの手帖』における女性の視点に関しての言及がほとんどできなかった。

いってみれば、『暮しの手帖』は花森という男側のイメージから提出された戦後の「暮し」のあらまほしきものであって、女性自身によるものではなかったと考えていい。もちろん大橋鎮子ほか多くの女性編集者もいましたが、基本的には花森の視点とそのキャラクターに基づいていたことは明白です。

だから今回は女性の視点から戦後の生活の変わり方といいますか、それらを含めた戦後社会史をうかがえればと考えております。戦後こそは男女の区別なく、驚くほどの社会と生活の変化を経てきた時代だと認識しておりますので。

それでは始めさせて頂きます。

2　家庭通信社と創業者直原清夫

関根　その花森さんのことですけれど、家庭通信社の創業者は『暮しの手帖』をかなり意識していました。例えば、原稿に企業名を入れたり、パブリシティまがいのことは家庭通信社では一切ご法度です。セロテープは商品名なので、セロファンテープと言い直したり、商品名と製品名の区別には厳しかったです。

私が入社したのは一九六九年ですけど、衣食住問題と社会問題を混同しないようにとの規制がありました。家庭通信社の場合、各新聞社への配信ですので、衣食住に社会問題を絡ませると、かなり掲載率が悪くなる。それぞれの新聞社の事情もありますから、そこら辺は微妙に避けて隙間に入れるようにしていた。だから掲載率はよかったのです。

――　なるほど、ところで一般の読者からしますと、私もそうでしたが、家庭通信社の存在とその役割を知らないと思いますので、まずそれらについて教えて下さい。一九六五年に設立されたということですが。

関根　そうです。あくまで各新聞社の黒子役でしたので一般的には「家庭通信社」の名前は知られていません。創業者は直原清夫《なおはらよしお》で、岡山の山陽新聞の元記者だった。戦後、山陽新聞で内紛が起き、それで後に医療ジャーナリストとして知られるようになる水野肇たちと一緒に退社したらしい。

――「出版人に聞く」シリーズ16の『三一新書の時代』の井家上隆幸さんが岡山大学出身だったこともあり、水野肇が出てきて、山陽新聞社時代のエピソードが語られています。水野が退社して上京し、井家上さんが三一書房に勤めていた頃に再会したようです。

関根　当初直原さんは退社した水野さんたちと一緒にジャーナリズムに関する仕事をするつもりでいたと聞いていますが、何かの理由で袂を分かつことになった。

それで新聞の内情を知っていたことから、家庭欄の配信をしていたところはないとわかっていた。そこで地方新聞社を主として、家庭欄配信の通信社を立ち上げることを考えたわけです。

当時の新聞はいってみれば、主として男の紙面で、家庭欄だけが所謂女、子どもの紙面だった。そこには料理、衣服、ファッションなども含まれていた。

3　女性のいないジャーナリズム

――それに関するのですが、現在と異なり、女性の新聞記者というのも少なかったんじゃないでしょうか。

関根　ほとんどいなかったといっていいでしょうね。女性記者の比率は非常に低く、男ばかりだった。私が家庭通信社に入った一九六九年時点でも、配信するのに地方新聞の東京支社の窓口にいくのですけど、やはり男ばかりで、女性がいたとしても、記者ではなく事務係でした。

――ということは一九六〇年代まではジャーナリズムは男だけの世界だった。

関根　今は新聞も入社試験で成績のいいのは女性のほうで、入ってくるのは女性が多くなっていると聞いていますし、それはそれでいいことだと思います。テレビなども含めれば、女子アナウンサーも含め、ジャーナリズムにおける女性比率の高まりはかつてと隔世の感がありますから。

――「出版人に聞く」シリーズの目的のひとつは出版を通じての戦後社会の変容を伝えようとすることなのですが、そうしたジャーナリズムにおける女性のことなども、今の若い人に伝えることはものすごく難しくなっている。

関根　そうですね。本当に難しい。日常生活にしても全然違いますからね。それらも含めて、当時はある意味で、女性への啓蒙という時代だった。だから家庭欄へ配信する家庭通信社のアイテムが成立したことになる。オファーしたら、ほとんどの新聞社と契約できたようですし。

――ちなみにそれらの新聞社は何社ほどあったんですか。

4　配信先地方新聞社

関根　一九六五年創立時点での数はわかりませんが、私が入社した六九年以後ですと、最大で三八社と契約しています。ここにその一覧があります。

＊契約地方新聞社（週1回・月4回配信）

北海道	フクニチ	西日本	信濃毎日
河北新報	南日本	秋田魁新報	日刊福井
新潟日報	山陰中央新報	東奥日報	山陽
桐生タイムス	京都	石巻日日	神奈川
静岡	北日本	三陸新報	愛媛
奥様ジャーナル	高知	山形	徳島
福井	佐賀	福島民友	福島民報
中国	紀州	埼玉	ウベニチ
大分合同	長崎	防衛ホーム	三和タイムス
岐阜	防長		

――壮観ですね。このインタビューをしているのは他ならぬ家庭通信社においてなのですが、ここから地方新聞社に配信されていっていることになり、何か襟を正したくなる気分を覚えます。

続けてどのような配信の仕組みになっているのか、お話頂ければと思います。

関根　これらの県紙を中心とする新聞に、生活、家庭面に掲載される記事を配信する。私の入社当時は、毎週一回、長短合わせて一〇本の記事ということになります。

――内容に関しての新聞社からのリクエストのようなものはあるのですか。

関根　内容的には配信先新聞社から指示されたことは一切ありません。つまりこちらの配信記事が新聞社にとって気に入らないのであれば、それを使わなければいいだけのことです。ですから家庭通信社と配信先新聞社との間には内容に関する縛りはなく、どの新聞社とも基本的には月契約で、配信記事を使っても使わなくても、契約料は支払われることになっています。

5　配信記事の内容

――そうすると、配信記事は新聞社によって取捨選択され、使われるということでしょうか。

関根　そういっていいでしょうね。同じ記事を流しても、A社の場合はすぐ掲載しても、Ｂ社には掲載されないことがよくあります。それは各社の紙面作りの特徴や傾向の反映で、この記事はＡ社好みだが、Ｂ社は使わないかもしれないという判断が下せます。

しかしそれも担当者が変わると紙面も変化する。例えば、編集部長が変わり、レイアウトも変わったりすると、それまでは配信記事を全部使っていたのに、まったく使わなくなったりする。あるいはその逆も生じる。これらのことを通じて、長く新聞社と付き合っていると、配信記事の扱い方で、担当者の生活感覚のあり方が推測できますし、それはとても面白い。

でもほとんどの地方新聞の家庭、生活面に限っていえば、自前の記事は少なく、配信もので作られている。だから家庭通信社ではあまり地域色を出さないように、東京以外の地域限定の取材はできるだけ避けています。

それから記事の内容ですが、考えてみれば、家庭、生活面というのは暮らし全般に及ぶので、何でもテーマとして取り上げることができる。経済、社会はもちろんのこと、教育、ファッション、食生活、医療、趣味、園芸、住まいなどとその分野は限りなく広い。最近は高齢者問題、市民活動に関する分野も目立って多くなっています。

―― それらのテーマの取材は関根さんご自身がやられてきたのですか。

関根　入社当時は五、六人の社員がいて、それぞれが分担していましたが、慣れてくるにしたがって、結局は自分の興味に沿って、その時その時のテーマを取材するようになりました。

私の性格からすると、狭く深く追求することが苦手で、広く浅く興味を持つという傾向が強い。小さな会社ですから、次々に色々なテーマを取材しなければならないし、あまり一つのテーマに偏ることも、それは配信先が様々な地方新聞社なので、それも避けたい。そうしたことも重なり合って、私にはこの仕事がとても向いていたのではないかと思っています。

そうしたことに加えて、一九六〇年代以後は「生活」「家庭」「家族」が最も変化した時代だったことで、次から次へと新しい現象が起きる。だから記事には事欠かないし、毎週五本ずつ二版つくり、十本の記事を配信していた。

それは県紙などの場合、隣り合っている県では違う新聞社なのに記事がダブってしまうこともあり、それで同じ記事は配信できないということで、二版つくり、別々のものを送るようにしていた。

――その二版というのを具体的に説明してくれませんか。

関根　内容自体が違うのですよ。パターンとしては同じなのですけれど。A版、B版の二版をつくり、スタイルとしては同じでも、送る原稿そのものが違う。それを相手によって別々に送る。

例えば広島の中国新聞にA版を送ると隣りの岡山の山陽新聞にはB版を送るのです。しかし北海道新聞のように隣の県を心配しなくていいところはA・B両版をとってくれました。

また、九州一円をカバーしている西日本新聞社にはB版を配信していたので、長崎、大分、南日本新聞など他の九州地方にはA版を送っていました。

6　配信料と原稿料

――そうすると、同じ週一回、五本配信から十本配信と倍になってしまい、労力も同様ですが、単価には反映されているんでしょうか。

関根　それは契約時の力関係で一概に一律というわけにはいかない。その相手との交渉で、高く取れるところは高く取ることにしている。だからそれは一対一の関係から見積られ、ばらつきがあるんですよ。

――これは当てずっぽうでいうのですが、高いところで、一社十万円とすれば、十本配信しても、単価としては納得できるような気がしますが。

関根 十万なんてもらっているところはないですね。私が入社した頃は、おそらく一社三万か四、五万以内でしたね。

――このことをお聞きしたのは出版社の場合、取次との力関係によって取引条件が左右されるし、一度それが決まってしまうと、出版社のほうからの取引条件の改善はまず無理だからです。だから家庭通信社と取引先新聞社との配信契約もそれに似ているのではないかと思いまして。

関根 向こうがほしいという条件での当時の相場はありましたけど、そんなに高い配信料はもらえなかったはずです。通信社という性格上、安いから契約できたはずですし。それに新聞社の原稿料だってオープンになっていなかったし、どのくらいの配信料が妥当かはちょっとわからない。

――私も新聞には書評を書いているだけですが、かつては一本五万円のギャラが出た。ところが現在はどんどん安くなってるんじゃないかな。

関根　家庭通信社でも依頼原稿は一本一万円が限界で、それ以上は払えない。でも雑誌のほうにしても、やはり安くなっていると聞きます。そこにネットもあるから、書き手もいっぱいいいて、安い原稿料でも書くので、さらに安くなる。それに合わせて、でたらめなフェイクニュースも量産されていく。

――それはそういうニュースの正否を判断する編集者がいなくなってしまった、もしくは不在のままで展開されていることによっているのでしょう。ところでその二版、十本配信はずっと続けられていたのですか。

関根　東日本大震災までは続けてきましたが、震災後はもう一版にしました。配信する新聞社も少なくなり、それから掲載もずいぶん違ってきましたので。

7　生活意識パッケージ配信の半世紀

――一九六九年からといいますと、ふたつの世紀をまたがり、ほぼ半世紀にわたって、いうなれば、生活意識パッケージ配信の仕事を続けてこられたわけですが、時代の変わり方に添い寝してきたような感じですか。

関根　そうです。確かに生活意識パッケージ配信の半世紀だったと思います。その変わり方のひとつが東京と地方の格差で、一九六〇年代まではものすごくあり、地方新聞の生活家庭面にしても、東京発の記事を欲していたという事情があります。

――それらを配信するのが家庭通信社の使命でもあった。

関根　だから地方にいって取材した記事は流せなかった。東京からの記事だけでよかった。東京ならではのイベントが多かったですし、それはある意味で家庭通信社の特色でもあった。

――そうですね。これは今の若い人たちには信じられないでしょうが、流行は東京から始まり、地方に達するまでには半年かかるといわれていた。ですから東京で売れ残っても、地方に持っていけば、みんな売れてしまったといいます。

関根　本当にそうですよ。そのために東京発の記事が望まれていたし、東京のイベントなんかの紹介はとても喜ばれた。それもあって取材も東京で済んだこともあり、地方取材はほとんどなかった。今になって考えれば、これは家庭通信社にとってはメリットだったと思います。

――確かに東京も変わっていきましたが、地方はそれ以上に産業構造の転換に伴い、生活が変化していた。日本史上最大の変化といっても過言ではないでしょう。そして一九七〇年代に入ると、第三次産業就業人口が五〇％を超える消費社会を迎えることになります。

8 「消費革命」の到来

関根 それです。私の入社当時は「消費革命」といわれていて、食品から家具に至るまで消費生活が豊かになっていった。ほとんどの家庭にテレビ、洗濯機、冷蔵庫が普及し、次の三種の神器として３Ｃ、つまりカー、クーラー、カラーテレビがもてはやされていた。

核家族化した家庭の主婦は家電製品によって家事の省略化が進み、情報に関しても新聞だけでなく、テレビや週刊誌も加わり、多様化していく。スーパーマーケットの全国的な出現によって、流通革命も起こり、価格競争が唱えられてもいました。

その一方で、食品公害、欠陥自動車、工場公害、車の排気ガスなどによる環境破壊も問題になってきていた。

―― そのかたわらで、従来の女性像、主婦、妻、母というイメージも変わっていくわけですよね。

関根 そういうことで、このような時代を背景にして、新聞の家庭面の読者像はそれまでの単なる主婦から「主婦プラス消費者」というイメージに変化していきます。だから私の記者生活のスタート時には、賢い消費者となるために、商品知識や上手な使い方を紹介したり、新たに開発された製品を取材したりしました。次々に家電商品が発売される時代でしたし、そこにあったのはいかに早く、手間をかけずにできるかという価値観で、それが最も大きかった。先ほどもいいましたが、それらに向けての女性たちへの啓蒙の時代だったと思います。

ちなみに一九七〇年代の家庭通信社が配信した記事の見出しをいくつかピックアップしてみます。

＊「東京〝留学〟はどのくらいかかるか」

＊「電気冷蔵庫は何年持つか　手入れ次第で伸びる寿命」

＊「中には違法品もある　リース商品にはご用心」

＊「一〇〇円で作れる化粧棚」
＊「狭い玄関にくつラック」
＊「タオルで作るパジャマ入れ」
＊「毛糸でいすカバー」

9　女性への啓蒙の時代

――まさに啓蒙の時代で、『暮しの手帖』なども同様でしたし、それが時代のトレンドだったことがよくわかります。ところが時代は変わっていく。

関根　その時代の流れに従い、生活はどんどん洋風化していき、消費は美徳といわれ、より電化が進むことがよしとされ、便利になることが夢でもありました。そしてその時代において、新しいものはすべてが進歩と思ってきたわけです。そうした中で、家庭から手の仕事が急速になくなっていった。しかも器具に頼るので、基本がわからなくなった。これは家庭生活のすべての分野に及んでいく。

その後の日本を考えると、いろいろな意味でこの時代が現在の問題の原因の発端になっているのではないかとも思います。

――その時代が現在の問題の原因の発端ではないかといわれましたが、コンビニの誕生もこの時代ですし、そのコンビニエンスこそは「便利さ」を意味していますから、時代状況を表象して出現してきたことになりますね。

関根　その一方で、社会的にも大きな出来事が重なっている。それらを簡略に挙げてみます。

一九七〇年にはＧＮＰ（国民総生産）がアメリカに次いで第二位、七二年には田中角栄の『日本列島改造論』が出され、地価は急騰し、インフレが加速する。七三年には第一次オイルショックでトイレットペーパーまで不足する始末となり、国民生活も大混乱となる。

そして夫は深夜まで会社で働き、家庭は母子家庭に追いやられ、その中での歪んだ夫婦、親子関係などの問題が噴出する。離婚も増え、家族とは何かといったテーマも増えていきました。

10　新聞の家庭面の変化

――当然のことながら、それらも新聞の家庭面に反映されていったのですね。

関根　それは一九八〇年代になってからで、家庭面が変わり始め、「家庭」「婦人」といった名称を「生活」へと変える新聞社が増えた。具体的にいいますと、サンケイ新聞は八四年、西日本新聞は八六年からです。また「暮らし」「女性」という言葉も使われるようになった。

――「女性」の登場ですね。それはものすごくよくわかります。このインタビューの参考資料として、たまたま岩波新書の帯刀貞代『日本の婦人』（一九五七年初版）、村上信彦『日本の婦人問題』（一九七八年初版）を読みましたが、いずれもタイトルは「婦人」がついている。

それからこれも岩波新書の塩沢美代子、島田とみ子『ひとり暮しの戦後史』（一九七五年初版）のサブタイトルは「戦中世代の婦人たち」で、七〇年代までは「女性」ではなく「婦人」が主流だったことを示している。それに『主婦の友』なども婦人誌と呼ばれていて、それらに代わる女性誌が出てきたのは七七年の平凡出版の『クロワッサン』創刊のあたりからじゃないでしょうか。新聞の家庭面の変化に先駆けているから、パラレルな関係にあると見ていい。

関根 そうでしょうね。こうした家庭面の変化はそれまでの「女、子どもの読む『家庭面』」から男も読むページへ移行させた。確か朝日新聞では当時の家庭面のキャッチコピーが「お父さんもお読み下さい」とありました。

一九七九年にダスティン・ホフマン主演の映画『クレイマー・クレイマー』が公開され、話題になった頃で、女性たちも社会で働き出し、離婚も増え、子育ても男がやらなければならない時代になってきた。つまり男性も家事をし、生活するという時代に入ったのです。それを象徴するような話も伝わってきました。

ちょうどこの頃、ある大手新聞社で生活面の担当を積極的に希望する男性が現れたというのです。それまでは家庭面への移動は左遷と思われていましたから。それ以後、家庭面は男も読む紙面へとシフトしていったことを象徴するエピソードだと思います。

それからこれは男女共通ですが、社会が急速に高齢化していき、双方の平均寿命が八〇歳を超えてしまうようになる。

11 高齢化社会への移行

——関根さんが先ほど現在の様々な問題の始まりは一九七〇年代にあるのではないかと指摘されました。それは私のほうに引き寄せていえば、消費社会の出現ということになります。その消費社会の成長を支えた団塊の世代を中心とする戦後のベビーブーマーたちが一挙に高齢化していくわけです。

しかもそれは人口減少とパラレルで、私たちがかつて経験したことのない高齢化社会を迎えつつありますし、私たちも必然的にその中に含まれてしまう。そこで人口が減少した二〇〇五年以後の「将来人口の動き」を見てみます。

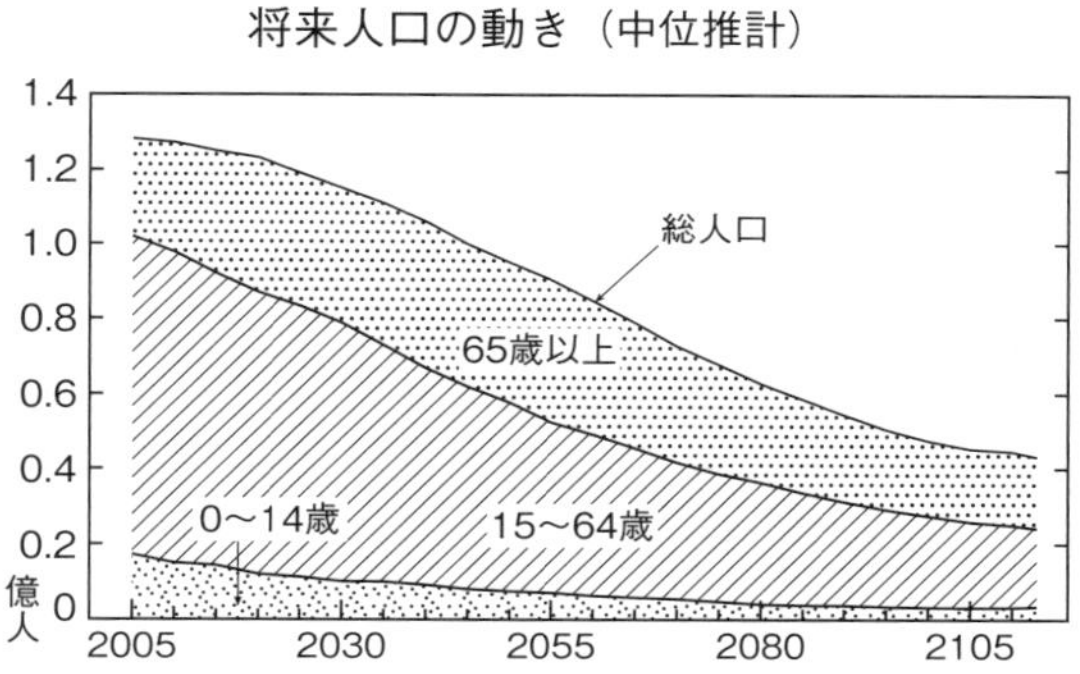

グラフは『日本国勢図絵２００９／10年版』からの抽

出ですが、総人口に占める六五歳以上の高齢者の割合はほぼ推計どおりに推移し、二〇二三年には三〇%、五二年には四〇%を超え、国民の二・五人の一人が高齢者という社会になるとされています。

関根　当時はまだそこまで見えていませんでしたが、健やかな老後を迎えるためにも「健康」がクローズアップされ、女性の生き方も多様化してきた。長い人生になったということで、あらためて女性たちも自分の人生を見つめなおすようになった。

また今では家庭面で「主婦」という言葉も文中であまり使われなくなったし、そういう視点から配信しても、ほとんど反響がない。その代わりに彼女たちが立ち上げている市民運動などを取材し、それらの情報を配信したほうがアクチュアルな反応を得られる。

それは人生が長くなれば、家族がいても、自分の生き方は自分で決める時代を迎えたことを示している。

12　戦後史に寄り添う家庭面

――関根さんが一九六九年に家庭通信社に入社され、それから半世紀近くの新聞の家庭面と女性の変化についてうかがってきたわけですが、六〇年代から二〇一〇年代にかけての変化の流れを簡略にスケッチしてもらえませんか。もちろんこれまでの話とダブってもかまいませんから。

関根　戦後の新聞の家庭面の変化を大きくとらえてみると、一九六〇年頃まで、つまり東京オリンピック以前は内容も買い物情報、子ども補導相談、内職案内といったもので、一定の読者からの意見や声を載せた投稿欄が必ず見られ、名前と共に職業は「主婦」という肩書が定着した。

それから一九六〇年代後半から七〇年代にかけて、地方から都市への人口集中、また自営業からサラリーマンへと職種も変わっていく。それらによって東京を始めとする都市や産業構造が大きく変わり、「消費者」という視点も定着する。

さらにその後の一九八〇年代はバブル的に日本経済も成長したことで、サラリーマンは猛烈に働かされ、その一方で妻と子どもは母子家庭に追いやられ、夫婦、親子、教育などにまつわる様々な問題が起きた。このような家庭崩壊の危機を前にして、家族とは何かという問い直しが始まる。

そして九〇年代に入ると、高齢化が急速に進行し、長い人生をどう過ごすかという問題も浮上してきて、生きがいや趣味、健康などのテーマが多くなり、これが現代までずっと続いてきています。とりわけ最近は健康といっても、病気などに関する専門的な記事も本当に増えてきました。

――特に病気などに関する専門的な記事の増え方は実感できますね。私なども自分もそうですが、周囲の人たちも病気を抱えていて、それらの記事には身をつまされるので、つい読んでしまう。それから関根さんの要約された家庭面の変容は私たちの世代の軌跡のようでもあり、ほとんど意識していませんでしたが、あらためて新聞の家庭面が私たちの戦後史にも寄り添ってきたことを教えてくれます。

私も地方紙の家庭面は見ていますが、それが家庭通信社の配信によるものだとはまったく知りませんでした。それは多くの読者も同様でしょうし、そのためにまず家庭通信社とその役割、ほぼ半世紀における家庭面の変化についてうかがってきました。

それをふまえまして、関根さんが家庭通信社に入社された経緯と事情はどのようなものだったかをお聞きしていきたいと思います。

第Ⅱ部

13　家庭通信社入社事情

関根　それは大学の一番ケ瀬康子先生に紹介されたからです。前の社長の直原が一番ケ瀬先生を取材にきた時に、誰か雇いたいので紹介してくれないかと頼んだ。それで先生が私に行ってみなさいということで、家庭通信社に入ったのです。

――それでも、そこに至る布石というものがあったと思いますが。

関根　現在の家庭通信社は文京区大塚、駅ですと地下鉄丸ノ内線の茗荷谷駅の近くにありますが、私はこの地元出身で、小、中学校はここなんです。それで高校進学に際し、都立高校の前に日本女子大付属高校を受験したら受かったこともあって、そのまま入ってしまった。

ところが今までは男女共学だったのが、急に女性ばかりになってしまったこともあり、何か私は間違えちゃったんじゃないかと思いつつ、高校時代を過ごしていたのですよ。だから大学は外へ出ようかと考えたりもしましたけれど、一方でまた受験するのもしんどいと思っていた。

そうするうちに内部進学で大学に進む段階になって、行きたい科がないことに気がついた。国文科や史学科は違うし、進みたいのは政治経済や社会といった堅いところだった。それもあって、外に出て早稲田を受けようかという気にもなっていた。そうしたら、たまたま社会福祉科の一番ケ瀬康子先生が『朝日ジャーナル』に書いていて、日本女子大にもこういう先生がいるのだと思い、それを目当てに社会福祉科を選びました。

14　日本女子大と一番ケ瀬康子

――なるほど。でもこれは少しだけふれてみたいのですが、最初に東京と地方の格差に言及しましたが、そのひとつの典型が教育環境と情報のように思われます。

関根さんは何気なくお話しされていますけれど、高校時代から私立大学の付属に進み、『朝日ジャーナル』も読んでいて、それをきっかけに社会福祉科を選択したというのは、まだ六〇年代前半ですし、同世代においても少数だったんではないでしょうか。高校から私立にいくのは親の経済的負担も大きいと思われますから。

それと一番ケ瀬康子のことはこれからもよく出てくると思いますので、『〔現代日本〕朝日人物事典』における立項を挙げておきます。

一番ケ瀬康子　いちばんがせ・やすこ　1927．1．5～

社会福祉学者、女性問題研究者。東京都生まれ、1945（昭20）年日本女子大家政学部三類（社会事業専攻）卒。56年法政大大学院社会科学科（博士課程）修了。日本女子大の教員となり68年教授、90（平2）年に新設の人間社会学部初代学部長。この間64年に「アメリカ社会福祉発達史」で経済学博士となり、75年にはその編集にかかる『養育院百年史』で第1回今和次郎賞を受賞。日本社会福祉学会代表理事、日本学術会議会員等を歴任。生活者の視点から生活問題に関する問題提起の学としての社会福祉学を提唱。社会福祉一般、老人福祉、保育問題、女性問題についての業績が多い。スウェーデン等北欧の福祉に詳しく、地方自治体の社会福祉施策の形成にも関与し、オンブズマン制度の導入などを提唱した。『現代社会福祉の基本視覚』（89年）、『女性解放の構図と展開～自分からの探究』（90年）など著書は多い。

私も彼女の名前は知っていましたが、このようなプロフィルはここで初めて知りました。それから先述しました『ひとり暮しの戦後史』の共著者の塩沢美代子も『同事典』に一番ケ瀬自身によって立項され、二人がほぼ同時代に日本女子大の社会事業専攻を共にし、『ひとり暮しの戦後史』も、一番ケ瀬に委嘱した調査がきっかけとなり、上梓されたとわかりました。

これで日本女子大家政学部の中に社会事業専攻なる科があり、そこから社会福祉という分野も生まれてきたことが推察される。社会福祉というのは比較的新しいものではないかとばかり思っていましたが、戦後の早いうちから萌芽していたのですね。

15 社会福祉という言葉の始まり

関根　始まりはまだ慈善事業を引きずっていたような時代で、確かに社会福祉という言葉自体は新しいといえる。でも一番ケ瀬先生が戦後に社会福祉ということをいい出したのは、高度成長期を迎え、交通事故なども多く発生するようになってからだと思います。

交通事故に遭って、明日からあなたは身障者になるかもしれないし、親が急に亡くなり、あなたの生活が成立しなくなるかもしれない。そうした不慮のことを考えれば、社会福祉というのは身近なもので、あなた自身の問題なのだ。これが先生の持論で、そうか、自分自身のことなのかと思い、それで社会福祉を選んだのです。

―― そういう流れがあって、日本福祉大学とか、福祉がついた大学が設立されていくわけですね。

関根 かなり後になってね。今では全国各地に福祉大学や福祉学部、学科のある大学を見出せるけど、その頃は公的なものとして日本社会事業大学があっただけでした。

―― そうした社会福祉のことを確認してみますと、七〇年前後から社会福祉サービスとしてコミュニティ・ケアの試みがなされ、その系譜を引き継ぎ、在宅福祉が展開されていく。

これらを知って、八〇年代の風景の一端を理解できるように思われました。私は静岡県西部に住んでいるのですけれど、この時代にどの地域にでも公民館などの隣に「老人憩いの家」というのが建てられ、その敷地で老人がゲートボールをやっている風景を見るようになった。つまりこれから高齢化社会になるので、老人に居場所と遊びを与えるという官僚による政策だったのですね。

16　高齢者問題の露出

関根　完全にそうですね。健康の問題を絡めて、高齢者はいつまでも元気でという政策に他ならないし、厚生省による高齢者管理の一端でしょう。その頃老人クラブもできているし、在宅福祉問題もそれにつながっている。そういう意味で、高齢者問題はまだ啓蒙の時代にあるといってもいいのかもしれない。

――でも笑ってしまうのは私たちもそうですが、昔だったら「今年六十のお爺さん」なんて歌があり、当然のごとく「老人」だったのに、誰もがまだ六〇代では「老人」だと思っていない。女性だったらまだ三〇年の寿命があるわけだから、「老人」のイメージ自体が変わってしまった。

関根　先ほど一番ケ瀬先生の社会福祉とは自分の問題だという持論を紹介しましたが、私たちの世代とともに高齢化問題というのが出てくるわけで、それは日本自体が自分と一緒に年老いていくようなイメージを伴ってしまう。そして一九八〇年代から親の問題も含め、それが顕在化していくし、「老人憩いの家」にしても、ゲートボールにしても、その典型として現われた。

―― ただそれまでは町にしても村にしても、それなりに老人会とか婦人会とかが機能していたけれど、現実的には解体されてしまった。

17 生活型の変容チャート

関根 それが近代から現代へということで、以前の形態が変わり、意識も変わってきた。一番ケ瀬先生が『生活学の展開』（ドメス出版、一九八四年）で、農村を中心とする生活型の変容のチャートを挙げています。これもここで示しておいたほうがいいでしょう。

―― この「前近代型」と「近代型」が関根さんのいわれた「近代」から「現代」に当てはめることができ、さらにこれに高齢化を加えれば、ずっとお話し頂いた新聞の家庭面の変化ともリンクしていきますね。

関根 それと女性はここでは嫁と主婦としてしか出ていませんが、「現代」の女性のライフスタイルの多様化の出現を加えるべきでしょう。そこには一人ぐらしの私なども含まれるわけですから。

生活型の変容チャート

生活型の一例（農村を中心にみたもの）

	近代型	前近代型
生産様式	資本主義的生産 商品生産 家計と企業の分離 流通機構の飛躍的拡大 生産の自由、消費の自由 職業選択の自由 生活、生産の分離	封建制自給的生産、身分制 流通範囲小、自給自足 消費の規制 小生産者 家計と企業未分化
生産の場所	生活の場と分離	生活の場と未分化
生活時間構成	他律的に制約される 拘束時間が決定される 自由時間との差が明らか （季節的変化少ない）	一応自律性をもつ つねに半自由 半拘束 （季節差大）
日常生活の状況	ハレの日の意識がうすらぐ 日常生活の相対的上昇	ハレとケの日との対比があざやか ハレの日のために日常を切りつめる
家族生活	個人の尊重 時間、空間の自由 家族員それぞれの経済的独立がたかまる	家の尊重、個人の埋没 個人空間の無視、家計はしゅうと、しゅうとめに依存
物の使用	単一目的 物の連関が広まる	多目的 物の機能低下、生活の混乱
住生活	プライバシーの尊重 空間の機能分化	接客空間の重視 生産空間と生活空間の競合
衣生活	消費の自由 個性の表現	消費の規制 身分による服装の差別
食生活 献立構成	調理型（直用型） サラダ 動物性蛋白質増加、良質油脂	停滞型（直用型） にしめ、ごはん、みそ汁、つけもの
材料入手	購入―貨幣経済	自給的生活
調理手法炊事時間	家事専業化、家事機械化	簡単、短時間 生産労働と家事の競合
炊事担当者	主婦	嫁（しゅうとめの指図）

――それからこれは私などから申して僭越ですが、一九八〇年代の女性論として、女性のライフスタイルが大きく変わったことが指摘され始めていました。それは第一期が出生から結婚までの成長教育期、第二期が結婚から出産と育児の次世代育成期です。昭和戦前ですと、女性の平均寿命は六〇歳に満たなかったし、子どもも多かったので、この第一、二期のふたつの段階が主たるステージとされていた。

ところが八〇年代になると、育児義務から解放された第三期、老後の第四期がそれまでと異なる重要なステージと見なされるようになってきた。でもまだこの頃は女性の平均寿命は八〇歳を超えていませんでしたが、その後伸びる一方で、女性は八七歳、男も八〇歳を超えるまでになり、第三期もさることながら、第四期が重要なステージ、もしくは社会問題と化してきた。

18　一番ケ瀬の晩年と死

関根　それはまさに一番ケ瀬先生が自分自身のこととして体現してしまったので、余計に切実なんですよ。先生は、高齢者自身の自立、つまり積極的に生きがいや仕事を探し、最期まで元気に生きるということで、高齢者のグループ活動を支援する団体（長寿社会文化協会）の会長になりました。

――一番ケ瀬さんはまだ存命なんですか。先の立項には没年が記されていないので。

関根 二〇一二年に亡くなりました。一九二七年生まれだから、八五歳だった。先生も私と一緒で独身でしたし、最後は養女に看取られ亡くなったのですが、脳梗塞になって以後、養女の考えで私たち教え子とも交流を断ち、社会から引退同然でしたので、その最期がどうであったかはまったくわからない。ですから我が身を考えても、先生だし、とても他人事とは思えないのです。

――それはそうですよ。高齢化社会の社会福祉の只中で亡くなったにもかかわらず、どのような死を迎えたかわからないというのも、社会福祉の提唱者としてはとても淋しい気がしますから。

ところで最初に読んだ『朝日ジャーナル』には何が書かれていたのですか。

19 『朝日ジャーナル』との出会い

関根 この間探していたら、それが出てきました。一九六三年の高校生の頃だから、たぶんこれだと思う。

当時原宿にあった日本社会事業大学の紹介をしていて、社会福祉の問題にかなり突っこんだ発言をしている。

―― かつて社会事業大は原宿にあったんですか。

関根 そうなの、今は清瀬方面で、遠くになってしまいましたけど。

―― その頃一番ケ瀬は社会事業大に籍を置いていたのですか。

関根 いや、日本女子大の助教授で、先の立項からすると、一九六四年に「アメリカ社会福祉発達史」で経済学博士号を取得し、六八年には教授になっています。それを考えると、六三年に先生は三六歳で、学問的にも最も充実していた時代に私は出会ったことになります。

―― それは関根さんにとっても僥倖だったんじゃないでしょうか。家庭通信社にもダイレクトに結びついているわけで、一番ケ瀬との出会いがなければ、まったく異なる人生を歩んだはずですから。

関根　本当にそうです。

——それから一番ケ瀬は奥むめおと関係があるんでしょうか。奥も日本女子大出身の戦前の婦人運動家で、消費組合運動や婦人セツルメント活動に従事していた。だが大東亜戦争下にあっては大政翼賛会に参加し、戦後は参議院議員となり、主婦連合会を結成し、消費者の立場から生活省の設置を要望したとされます。

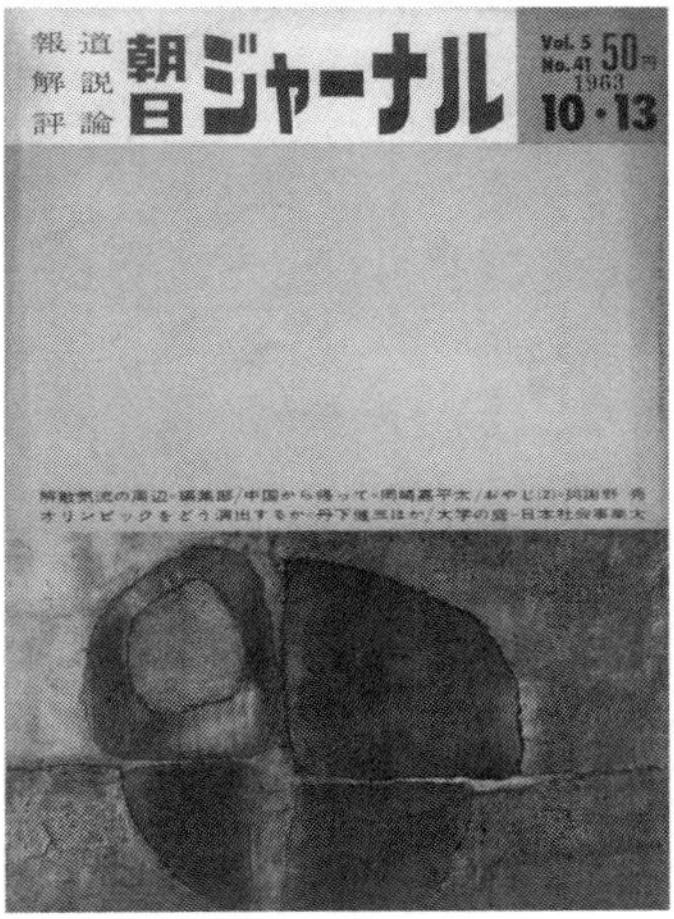

どうして奥のことを挙げたかというと、彼女は大政翼賛会の婦人部長で、『暮しの手帖』の花森安治と面識があるはずで、戦後は同じように政治と雑誌の違いはあるにしても生活者の視座からの運動に取り組んだといっていいでしょう。しかも奥の戦前の活動は社会福祉ともリンクしていましたから。

関根　それはあるかもしれないけれど、私に

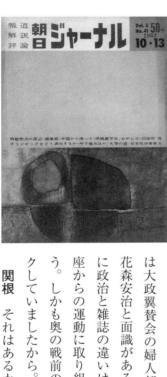

はよくわからない。ただ一番ケ瀬先生の三年先輩に奥むめおの娘中村紀伊さんがいて、もう亡くなられましたが、一時は主婦連会長を務めていました。

――それはやはり社会福祉でつながっていたのですか。

関根 二人が卒業した当時は社会事業専攻に含まれ、社会福祉という言葉自体は一人歩きしていなかったと思います。だからそれを定着させ、広範に普及させていくためには当然のことながら、政治との結びつきが必要とされたでしょうし、中村紀伊さんを通じて奥むめおともつながっていましたから。

それに一番ケ瀬先生は演説も講演もうまかったし、講演を聞くと聴衆はそれなりに燃えちゃうみたいなところがあった。

20 一番ケ瀬の実像

――それは著書を読んだだけの私にしてみれば、とても意外ですが、まさにアジテーターでもあったと。

関根 そう、良い意味でのアジテーターでした。それもあって、彼女がある意味で、すごく社会福祉というものを一般的に広めたという感じがする。もちろんそれは専門的なところもあるけれど、啓蒙のほうの分野においてです。

それに戦後に運動的なものも体験している。一番ケ瀬先生は台湾にいて、学生時代を日本で過ごし、大学卒業後、長野県丸子町の鐘紡丸子工場で工場内の丸子高等文化学院で女工たちに一般教養を教え舎監を兼ねた。彼女も若かったし、女工たちも中学を出て集団就職してきている。だから一緒になってかなり運動的なものに関わっていたようです。

いつだったか、何かの会があって、その人たちが集まったら、みんな元気で理論的にもしっかりしていたので、とても驚いたことをよく覚えています。

―― このインタビューの資料として、朝日ジャーナル編『女の戦後史』（Ⅰ、Ⅱ、朝日新聞社、一九八四、八五年）を読みましたら、一番ケ瀬がⅠで、「買い出し」の章を書いていました。そこで敗戦直後に目白の日本女子大の寮にいたこと、台湾に家があったことから、彼女も必然的に買い出しに加わり、その体験を記していたので、彼女が台湾で少女期を過ごしていたことは知っていました。

でも鐘紡の舎監を務めていたのは初めて知りました。それで少し気になることがありますので述べさせて下さい。大東亜戦争下で企業内学校というのが推進され、工場内に学校が開設された。鐘紡も同様で、戦後になってもそれは続いていた。そのタテマエは中学出の女工たちに高校並の教育を身につけることにあるとされていましたが、本質的には女工たちの私生活も含めた管理だと考えていい。

戦前に内閣直属の総合国策機関としての企画院があり、国家総動員法案などの他に、賃金や労務などの各分野における動員計画も作成したとされる。それと重なるようなかたちで、東洋書院から「労務管理全書」というシリーズが出され、その中心人物の一人が労働科学研究所の桐原葆見で、『戦時労務管理』や『女子労務管理』を著わしている。彼は戦後に日本女子大教授に就任していますので、一番ケ瀬の鐘紡舎監というのはこの桐原と関係があるかもしれないし、彼女の社会福祉とも無縁ではないとも思われるのです。

関根 私には一番ケ瀬先生との関係はわかりません。でも彼女にとって舎監体験は大きなものだったでしょうし、そうした事実からすれば、何らかの関係は考えられるでしょうね。

―― 私の近代出版史観からすれば、戦前と戦後は立場は異なっていても、そのままつながっていて、そこら辺は解明されていない。蛇足かとも思いましたが、あえてふれてみました。

さて先ほどの一番ケ瀬の「買い出し」にしても『朝日ジャーナル』掲載のものですし、関根さんも『朝日ジャーナル』を通じて彼女を知った。彼女は七〇年代に日本社会福祉学会代表理事を務めるようになりますから、六〇年代はホップ、ステップ、ジャンプの三段階のうちのステップの時期にあった。

関根　おそらくそうでしょうね。そして私はまさにホップの時期で、高校二年の十七歳の時に出会ったことになります。

第Ⅲ部

21　六〇年代少女の雑誌体験

――　でもその時代にその年齢で『朝日ジャーナル』を読むということがうまく想像できないのですが。どういう少女だったんでしょうか。

関根　とにかく雑誌をいっぱい読んでいたのです。『世界』も『現代の眼』も読み、とにかく頭でっかちで、政治少女だった。

――　そこら辺が私などにはちょっとわからないところですね。これは「出版人に聞く」シリーズでも話しているのですが、私たちの場合には日本と海外の文学全集に向かうか、中央公論社の『世界の名著』を選ぶかのふたつがあって、前者は文学系、後者は哲学、社会科学系を選択していくのがオーソドックスな回路でした。

でも関根さんはそれらの雑誌を通じて政治少女となっていったのですから、私たちとは環境が変わっている。

関根　それは同じ戦後生まれにしても、私は一九四六年生まれだから、所謂「団塊の世代」一歩前に属していて、受験戦争とか旺文社模試とか予備校とかは直接的に体験していないといってもいいかもしれない。始まったばかりの戦後の時代の社会推移は激しく、育った場所によっても大きく違っていたことは承知していますけれど。

――そうしますと、「団塊の世代」のようにマスで考えずに、そうした雑誌を個人で買い、読んでいた。でもそうはいっても、これらの雑誌を高校生が定期的に買い、読むこと自体が金銭的にも大変だったでしょうし、特異だったんじゃないでしょうか。

関根 そうですね。グループを形成していたわけでも、党派に属していたこともないから。でも付属高校には数人、話せる人もいましたが。

大学に入ってからは自治会が革マルと社青同がヘモゲニー争いをしていて、それに民青が絡んでいた。友人が民青にも革マルにもいたけれど、民青は嫌いで、どちらかといえば革マルのそばにいたけれど、ちょっと違うかなと思い、セクトには入らなかった。だから学生運動の落ちこぼれという感じです。

――活動らしい活動はしなかったということですか。

22　大学祭委員長と女子大初めてのデモ

関根　大学では大学祭の委員長をやったぐらいですね。

――それは大変なことですよ。大役を果たされていた。

関根　当時、大学祭の委員長はどこのセクトから出すかという状況でしたが、結局のところ私はノンセクトという立場にはいなかったけれど、その役を私が引き受けることになった。そういうところではそれなりに力を発揮していたともいえます。

でも今思うと、すごく観念的なテーマで、そのキャッチコピーは「状況の神話を打ち壊し、時代に鋭敏な触覚を」というものです。本当に頭でっかちな人間だったことがよくわかる。

――でも大学祭のキャッチフレーズは七〇年代までもそのようなものでしたし、個人の問題というより時代を反映していますよ。

ところで当時の日本女子大は一学年何人ぐらいだったのですか。

関根　社会福祉科は多くなくて五〇人ぐらい。他の学科として、英文科、国文科、児童科、教育科、史学科など七学科があり、英文、国文、児童科は多く、それぞれ百名ほどいたんじゃないかしら。

——とすると、一学年千人近かった。

関根 そうです、けっこう学生数は多かった。

——一九六〇年代の日本女子大というと、現在の女子大のイメージとは異なるでしょうけど、何か特色というと。

関根 政治家の娘が多かったことは覚えている。

——同じ女子大でも、東京女子大とか津田塾は官僚と結婚する人たちが多かったようですが、日本女子大もそうなのかなと思ったのですが。

関根 津田塾なんかはそうでしょうが、日本女子大の場合はあまり知らない。といっても、私がその辺のことにうといからではありますが。

——でも当時はまさに過渡期で、現在とはまったく違う世界でしたし、ある意味において社会が理想を求めている時代でもあり、私たちも必然的にそういう中で育ってきたから、大学にもそれが表出していたといえる。

関根 だから私たちも当時は自分たちが動けば、世の中を変えられると思っていたのですね。それはセクトとは関係なく、純粋なものでした。そのために動かなければいけないというところで、そういうパッションが働いた。大学祭の委員長を引き受けたのもそうだし、授業料値上げ反対のデモをしたのも、同じです。これは女子大で初めてのデモだった。

――それは初めて知りました。先ほどほとんど活動はされていないと述べられましたけれど、大学祭の委員長とか女子大初めてのデモとか、ノンセクトの立場として、それなりに活動されていたことになる。

関根　それは当時の女子大はどこもそうだったでしょうけど、日本女子大もものすごく閉鎖的だったこともあり、男子学生が校門入るだけで守衛さんにチェックされるという状況でもあった。だから空気も淀んでいる感じがつきまとっていたし、それを変えたいというパッションも生じていたからです。

――しかしそういう学生運動の流れが七〇年代に入ると、連合赤軍事件として表出してしまう。あの事件もひとつの女性問題で、戦前の左翼のハウスキーパー問題と通底しているような気がする。それは京都学派の祇園、白樺派などの女中好きなどの問題と絡んで今でもほとんど変わっていないのじゃないか。

関根　本当に基本的にはそうかもしれない。でもよど号事件にしても連合赤軍事件にしても、私などが卒業した後の問題として起きている。ちょっと学年が違うと、こうも違ってしまうのかと思いました。私たちの段階では男と女の問題に関して、連合赤軍事件のような極端なところはなかったような気がする。もちろん結婚した人たちもいますけど。

――同窓の人たちは皆さん、まだご健在ですか。

関根　健在ですし、元気ですよ。

――それは何よりだ。

関根　でも基本的に変わらないところが、これからどうなるのか、高齢化社会はそれを変えていくかもしれないし、私たちの世代がそれを体験できるかどうかの過渡期かもしれない。

23　生活学会、今和次郎、ドメス出版

――その変わり方で思い出したのは今和次郎のことです。彼は暮らしの空間としての都市論の先駆けで、考現学を提唱し、また一方で生きられた空間としての『日本の民家』

（岩波文庫）などを上梓し、戦後のそうした生活学の嚆矢となっています。それに一番ケ瀬は一九七五年に『養育院百年史』で第一回今和次郎賞を受賞している。

それから他ならぬ『今和次郎集』全九巻を刊行しているのがドメス出版で、一番ケ瀬とも深い関係があるらしく、先述した『生活学の展開』もドメス出版から出されている。

関根　一番ケ瀬先生が生活学会というのを設立した際に、今和次郎が出てきたという印象で、私は今のことはほとんど知らなかった。生活学会に入ってから、今の考現学を知った。でも私の仕事はあくまで家庭面の配信にあったから、今の生活への学術的アプローチは取り入れられなかった。

それからドメス出版に関して、一番ケ瀬先生がつながっていたのは承知していましたが、その内情に関しては一切知りません。

――ドメス出版は医歯薬出版がスポンサーとなって一九六九年に設立され、『今和次郎集』の他に多くの生活や女性問題に関する書籍を刊行している。

関根　本当にいっぱい出してますね。

24　未刊に終わった一番ケ瀬自伝

――ところで一番ケ瀬の自伝のようなものは出ていないのですか。

関根　それは恨み節になってしまうけれど、日本図書センターから出るはずだった。でもドメス出版が一番ケ瀬先生の自伝が他社から出るのは耐えられないといって、その企画をさらってしまったにもかかわらず、最後まで責任を持たなかったことから、未刊に終わってしまった。

日本図書センターの「人間の記録」というシリーズの最後のほうに入るはずだったの。

――それは四六判のシリーズで、よく図書館で見ますよ。もし出ていれば、公共図書館にも入り、もっと一番ケ瀬のことも知られていたかもしれない。

関根　そうでしょう。その編集担当が私もよく知っている福田恵さんという女性で、その自伝の執筆と構成は森絹江さんが担っていた。だから関係者がバックアップし、元気なうちに一番ケ瀬先生の自伝を出さなければと進めていた。ところがそこに割り込んできたのがドメス出版で、自分のところで出させてほしいといった。

――　それがどうして出なかったのですか。

関根　一番ケ瀬先生が脳梗塞で倒れてしまったの。そこで、ドメス出版は出版を中止してしまった。

私たちは何とか出してもらいたいので、色んなアプローチを試みたのですが、返ってきた言い訳が「著者が読んでいない原稿は出せない」というものでした。あとで著者校までやっていたことがわかったけれど。

この自伝は一番ケ瀬先生がすべての原資料を提供し、自分はあらゆる仕事をしたとも告白するなど、すごく信用している森さんに執筆の役割を頼んだのです。

当然のことながら自分でも最終的に校閲していたはずだし、三月末に先生の教え子が集まるあざみ会というのが予定されていて、そこでその自伝を配ることも決まっていた。それが前年の秋に倒れたことによって、結局そのままになってしまったのです。

本当に残念でならないし、原稿もあるはずなのに。それからその校正ゲラの行方もわからない。

25　高齢化社会と出版問題

関根　きっと養女になられた方が原稿を持っているはずだけど、著者が亡くなった後の著作権の行方の件は本当に難しい。夫婦だった場合でも、妻のほうが先に死んだ場合、後妻業みたいな女が入りこんで好きなようにされている例をいくつも見ていますから。

――それは私もいくつか聞いていますし、こんな例もあります。私はかつてある文学賞の審査員をしていたのですが、寄せられた原稿の中に、独身で亡くなった女性詩人の思い出が書かれ、その財産を狙った出版社の社長のことが出てきた。晩年は自分が面倒を見たからといって、遺言はなかったのに著作権も含め、頂いてしまおうとした経緯が全部書かれていた。面白いけれども、県主催の文学賞だし、訴えられたら困るので、入選させられなかった。だから活字になっていない。その手の話も高齢化社会を象徴するように、出版にまつわる世界ではいくらでもあるということですね。

関根さんの大学時代のことに戻ります。活動らしい活動もなされ、いよいよ卒業と就職となるわけですが、当時、女性で大卒というのは非常に少なく、同世代の一割も占めていないでしょう。

26　七〇年代における女性大卒者の就職事情

関根　そう、一割はいっていないと思います。それでも就職課にいくと募集が出ているので、福音館書店に応募した。試験を受けたけれど、ものすごい人数がいて驚いてしまった。すぐにとても受かるはずがないとわかった。

私と同世代の女性は同じような就職状況だったはずです。

本当にこの時代は「婦人」と呼ばれ、まだ「女性」の時代になっていなかった。その後も「婦人」から「女性」に変わるのは大変だったし、今からは想像もつかないでしょう。

ただ日本女子大の場合、お嬢さんが多いから、それほど就職活動に一生懸命ではなかったかもしれない。

それでも社会福祉科の場合、区役所や市役所にケースワーカーとして勤める人が多かった。

――教師はどうなんでしょうか。日本女子大出身の教師には会ったことがないような気がしますが。

関根　普通の中、高の先生というのはほとんどいないかもしれない。でもそういえば友人に一人だけいて、それは英文科卒で、中学の英語の先生をしていた。それ以外はほとんど結婚ですよ。当時は卒業してすぐの二三、四歳が結婚適齢期でしたし。

――確かにクリスマスケーキとかいいましたものね。二五日を過ぎると売れ残るという意味で。

関根　そうなの、だから友人の結婚式にはほとんど出ました。そんなわけで、私だけがお祝いをもらっていないの。どこかで取り返さなければ……。

――でもあらためて一九六〇~七〇年代の女性の大卒就職状況をうかがっていると、東京でも難しかったようですし、まして地方の場合だと教師しかない。しかもそのシェアは地元の国立大学出身のシェアが高いから、東京の女子大を出てのUターン就職もそんなにままならなかったでしょう。

関根　私が知らないだけで、田舎に帰って先生や公務員になっている人もいるでしょうけど、やはりほとんどは結婚で、適齢期は卒業直後、それこそ永久就職といわれていましたから。

そういう女子大のスタイルというのは戦前からのものでしょうが、結婚が優先されているので、特に日本女子大の場合、就職なんてことはあまり考えていなかったと思います。

――妻の友達で、聖心女子大出身の人がいますけど、七〇年代でも卒業写真が見合い写真を兼ねていて、意識として就職なんてとんでもないというのが当たり前だったといいます。

関根 よくわかるし、そうでしょうね。

ただ平塚らいてうのことを考えると日本女子大も変わったとは思いますが。彼女はスキャンダルで、中退させられた。ところが現在は名誉復活ということになり、平塚らいてう賞も設けられ、その授賞式も今では華やかですよ。

――ところがその大学の内実というか、現在の話を友人の元大学教師から聞いてみますと、女子大生も男子とまったく変わらなくなり、在学中からキャリアと高収入をめざし、ひたすらその役に立つプラグマティカルな授業には熱心だが、それ以外の本は読まないので、研究授業が成立しなくなっているといいます。特に外国文学系は壊滅状態に近く、それで文系学部の再編が行なわれているようです。

関根 私たちの時代の結婚が永久就職というのもどうかと思っていましたが、現在のそのキャリアと高収入が第一というのも、何か淋しい気がする。
その話を聞くと、大学教師と教え子の関係も大いに変化しているのでしょうね。私の場合は結局のところ、一番ケ瀬先生の口利きで、家庭通信社に入り、現在までこの仕事に携わってきましたから、アカデミズム内にはいないけれど、その後の関係を考えても、先生を抜きにして自分を語れないようなところがある。

――それらをトータルに考えても、一番ケ瀬の自伝が出されなかったのは何としても残念です。関根さんも出てくるかもしれないし。

関根 でも仮りにゲラが出てきても、著作権のことがあるから、まず出版はできないでしょうし、本当に私も心残りの一言に尽きます。

――そうか、ゲラが見つかっても、スムースに他社から出してもらうということにはならないわけですから。

それはともかく、一九六九年に関根さんは家庭通信社に入る。ところがジャーナリズムの世界でも、出版社と同じく、まだ「婦人」で「女性」が共通のタームになっていなかった。そういう世界に身を入れることになって、矛盾を感じることもあったのではないでしょうか。

27 「現実が目の前に現われてきた」

関根　矛盾を感じる以前に、現実が目の前に現われてきたというのがまずありました。私は観念だけで現在の体制を見て、どうのこうのといっていた頭でっかちな人間だった。その頭で家庭通信社に入ったわけですよ。そうしたら、現実的に、具体的に取材という仕事が控えていた。観念的だった現実が具体的なかたちで顕現してきたといっていいかしら。

そこでそこにある生活のディティール、洗濯はどうしたらいい、料理は食材をどうするのか、日々の問題としての買い物はどこでするのかを毎日考えるようになり、それででっかち頭が柔軟になってきた。通俗的にいってみれば、現場でずいぶん鍛えられたということでしょうね。

取材もさることながら、当初は原稿を書いても頭でっかちな堅い文章になってしまった。そういう文章しか書けなかったといっていい。そういうところはすごく叩かれ、叩かれて、それである意味においてすごくまともになったという感じがする。だから当時は具体的な記事をめざし、教育問題が多かったことから、子どもの育て方を聞いたり、子どもの夏休みに関して先生を訪ねたりしながら書いた。

そのようなプロセスを経て、現実を取材し、具体的な記事を書く技術を身につけたといいましょうか。

――観念からハウツーの世界への移行ですね。

関根 そう、一気にハウツーの世界になったの。そうしたら世界がかなり変わって見えてきた。

――それに啓蒙が加わる。

関根 そうなの、本当に啓蒙ですよ。だからそういう方向に進んでいくと、頭でっかちな自分の考えが柔軟になってきたというか、現実とはこういうものなんだと思えるようになる。それでこういうことをやらなければならないというのがだんだんわかってくる。

――頭だけでなく、手と体を動かしてということですね。

関根 そのとおりです。頭でっかちからだんだんそういうふうになっていく。それは自分でもよく実感していた。

――それが実際に身についたとわかったのは何年ぐらいしてからですか。

関根　十年ぐらいたってからではないでしょうか。それと私の場合、この仕事をするようになって、当初の文章は駄目だと叩かれ続けましたが、その一方で取材の面白さにめざめてもいました。私は基本的に人に会うことが好きだとわかった。自分で取材していて、特に初めての人に会うことが好きだった。

取材していっこうに飽きないし、嫌にならない。それで私はこの仕事が自分の天職ではないかと思ったわけです。ひとつの取材が終わると、今度はこれをやろうという感じで、次は誰に会おうか、また初めての人とも出会えると思うとうれしくなる。

――確か沢木耕太郎も同じことをいっていたと思いますが、それでないと基本的にやっていけない。

関根　だから続けられたのだと思います。本当に取材が面白かったのです。私は学究的ではないから、ひとつのテーマを深く追求するタイプではない。それは私の元来の好奇心旺盛という性格に起因しているのでしょう。いつもアンテナを張り、あちこちを引っかき回し、いつも今度はこれをやりたいと考え続けている。

――それはノンフィクションに携わる人に不可欠の精神的条件ですし、習得のために十年が必要だったというのも納得できます。それと私などもインタビューの仕事をしているのですが、自分に関根さんのような要素が欠けていることも。

関根 そんなことはないでしょう。

―― いや、本当はそうなんですよ。もっとも関根さんが十年かかったというのを聞きまして、私はまだこの仕事を十年はしていないことに気がつきましたが。

関根 私も本当に十年たって、自分がこの仕事に向いていると思った時、めざましく成長した気になりました。

28 当時の家庭通信社状況

―― 上司とか、そういう人たちの影響も受けたのですか。

関根 やはり直原さんにはそういう意味で、すごく鍛えられましたね。

―― 彼はおいくつぐらいだったのですか。

関根 大正十三年生まれだから、当時はまだ四〇代か五〇代だったと思います。

―― 当時のメンバーは何人ぐらいでしたか。

関根 私が入った時は四、五人でした。赤坂の丸の内線の駅前にコージーコーナーがあり、その裏側のビルの五階に会社があった。まだ当時は高層ビルがなかったので、ＴＢＳも丸見えだった。それに赤坂だから料亭も多く、その物干し台もよく目に入り、朝はもんぺを履いた女性が物干し台で洗濯ものを干している姿を見ました。今はもうそういう光景など見られなくなりましたけど。

――共同通信社に時事通信社があるように、家庭通信社には同業者は存在していたのかしら。

関根　同業者はほとんどなかった。あったのは新聞小説を地方新聞に配信していた学芸通信社で、社長の名前は川合さんとだけ聞いていますが、その顔は知りません。

――それは川合仁といって、戦前は平凡社に勤め、社長の下中弥三郎の近傍にいたが、地方新聞への配信をする電報通信社の文芸部へ移ったことで、それが川合の生涯の仕事となり、戦後の五〇年に学芸通信社を設立し、小説配信を手がけていたとされます。だから小説家では彼の世話になった人も多いと聞いています。

関根　初めて聞く事実で、川合さんはそういう人だったんですか。

――ひょっとすると、山陽新聞も川合の学芸通信社から小説の配信を受けていて、直原がそれを知り、家庭面だけの配信を思いつき、「学芸」に代わって「家庭」をすえ家庭通信社を立ち上げたとも考えられる。また川合はアナキストとされていますので、直原たちが山陽新聞を何らかの争議で辞めた事実からすれば、川合と面識もあったのかもしれないし、学芸通信社を範とした可能性も大いに考えられる。

関根 それはまったく思いもかけない推察で、驚くばかりですが、確かに考えられますね。私が川合さんの名前だけを知っていたのも、何か関連があるのかもしれない。ただ学芸通信社よりよく知っていたのはみや通信です。これは家庭通信社の後に出てきた。新潟日報にいた石川みや子さんという女性が設立したもので、今もあります。ここは主として日曜版の配信を目的としていました。

――その他にもできたのですか。

関根 その後も何社かできましたが、続かないでつぶれてしまった。それは直原さんじゃないけれど、新聞社を退職した人が始めたこともあって、大々的に始めたり、スポンサーと組んで派手に始めたりしたからです。こういう仕事は地道じゃないとできないし、続かない。これは実感をこめていうのですが、地道にこつこつやってきたから、ここまで来たと思うしかない。

それと家庭通信社もそれなりに知られてくると、電通や読売広告社から目を付けられ、接触されたこともあったようですが、結局のところ直原さんが紐付きは嫌だといって、全部拒否してしまった。それも存続してきた理由のひとつですね。

29 「自分の天職」としての仕事

――まさにそのふたつが家庭通信社を存続させ、ここまで来させたことになる。さて十年ぐらいたって、ようやくといいますか、仕事が自分の天職だと気づき、ご自分の成長を自覚することになりますが、仕事のほうはどのようなかたちで進められていったのでしょうか。一九七〇年代から八〇年代にかけてということになりますが。

関根 昼間は取材だけで過ぎてしまい、人と会うのも昼間ですから、どうしても原稿書きは夜になってしまう。

ファッションショーの配信はとても喜ばれたので、必ず取材にいきましたし、各メーカーの新商品の発表会なども欠かせないので、昼間はそれらにどうしても時間を割くことが多かった。それからデザイナーとか園芸家にもよく会って、流行のことや話題の園芸などのことを聞いたりした。これらの配信も家庭面では重要でしたから。

それと最初はカメラマンがいたんですよ。取材などはカメラマンと組んでよくいったのですが、そのうちにカメラマンが辞めてしまい、自分で写真も撮るようになり、ついでに現像までやるようになった。

――そうなると、それこそ万事に関して成長するしかなかったということですか。

関根 コストのことを考えると、そうならざるをえなかったといえるでしょうね。しかし、新聞用写真の技術はそれなりに面白く、いろいろ学びましたが。

――関根さんが手がけてきたような新聞の家庭面に連動する雑誌関連やアカデミズムみたいなものはあったのですか。

関根 一番ケ瀬先生と社会福祉の場合、ジャーナリズム、出版社、アカデミズムが併走していたけれど、家庭通信社では成立していない。出版社ともほとんど接触がない。アカデミズム関連でいえば、大学の先生の取材をしたり、学会で取材したものを優しく記事にすることはやりましたが、研究関係との深い接点はない。新聞用語でいえば、所謂町ネタに徹してきたともいえるでしょうね。

確かに家庭面も時代と併走していることは間違いないのですが、具体的な接点として問われると、私個人のアンテナが先行していたというしかない。

――ただ出版でいいますと、家庭面のあの一連の記事は面白いので、これを本にしませんかというオファーが出版社から出されなかったのでしたか。

関根　それはかなり後になってからありました。でもそれは生活百科的ムックのポイントメモに使われたりして、一冊の本という感じではない。家庭面の記事自体はそれだけで完結してしまう側面がつきまとっています。例外的に大山康晴先生には長い間、信濃毎日新聞に「詰め将棋」を配信してもらいました。先生が亡くなった後、それは単行本になりました。

――読者からの反響や評判というのも新聞社には聞えてきても、家庭通信社には寄せられてこないと考えていいのかしら。

関根　そう、ほとんど来ないですね。ただ、問い合わせはあります。この取材先を教えてくれとか、内容の確認とか。よい反応などは、こちらには知らせてくれないし、伝わってこない。

――それは取材して記事を配信するけれど、ダイレクトな読者の反応は家庭通信社に届けられていないことになりますか。

30　配信先地方新聞社事情

関根　でも問い合わせ先を教えてくれということは、それなりに読者からの反応があることを意味していると思う。

それに新聞社のほうも自分のところでやるという動きはないし、記者の問題もある。地元の記事を掲載しても華がないし、東京に派遣されている記者も少ししかいないから、やはり家庭通信社に外注したほうが安上がりですから。

——そうした関根さんの立場から見て、配信先の地方新聞社の現在の問題というのはどうなんでしょうか。

関根　前にも少し話しましたが、担当の部長というのが数年で変わったりする。だから家庭通信社の記事ばかり使っていたところが、まったく使われなくなったりすることが往々にしてありました。

それと東京の窓口に配信にいくと、その新聞社の雰囲気がわかるのです。この社の雰囲気はちょっと荒れているようだとかね。いる人たちで会社のムードというか、ニュアンスがつかめる。だから直接配信にいくのは大事だし、その雰囲気を理解しておくのも面白いと思った。

――全国紙の部数減はひどいけれども、地方紙のほうはそれなりに健闘している。

関根　だから今、地方紙はかつてよりも家庭面の記事も取り上げるようになってきている。私がいうのも何ですけど、本来はそうでなければいけないのね。

――そうなんです。どうして全国紙ではなく、地元紙が取られているかというと、死亡記事と葬式の場所のお知らせによるところが多い。それこそ高齢化社会になっているので、葬式にいけなくても、亡くなったことを知り、香典を届けるために見ておかなければならないと近所の老人から聞きました。

それで私も時々見るのですが、確かに死亡記事は充実していて、まだ八〇歳代は若いと思われるように、九〇代も多く、百歳を超えた人もざらです。本当に高齢者社会の現実を突きつけていて、これは全国紙では見られないものです。

関根　そうでしょうね。地元の死者のことは誰でも知りたいことですから。これもＩＴ化によって情報処理の仕方がずいぶん変わりました。

31　自宅での葬式の終焉と長寿社会

――その死亡記事で思い出したのですが、今世紀に入って、自宅で葬式をするという慣習がほぼ終わってしまった。現在では大駐車場を備えた冷暖房完備の葬祭センターで営まれ、変な言い回しかもしれませんが、身体的には葬式も快適なものに変わったといえます。私はこの葬祭センターの全国的普及によって、一九八〇年代以後の郊外消費社会は完成に至ったと思う。つまり最初のところにでた、関根さんがいわれた一九七〇年代に露わになった生活の便利さの追求が葬式にまで及んだことになります。

それから郊外消費社会の特質というのは便利さに加えて、安さです。茗荷谷の駅前にもファッションしまむらもありましたが、ここはユニクロと並んで、衣服に関するロードサイドビジネスの主役で、やはり安さが売りでした。それらが今では都市の内側まで進出している。この二社だけでなく、郊外の物販の多くは安さを前面に出して成長してきた。

その集大成が現在のアマゾンだと見なせます。安くて便利で、しかもサイト上のワンクリックで当日、もしくは翌日には配達されてくるので、買い物に出かける必要もない。

関根　七〇年代に求められ始めた家庭や生活の便利さがコストまで安くなって実現したことになるのね。

――　そうです。ところがこれも関根さんが指摘されたように、それ以後の家族や家庭、あるいは社会生活の問題がかつてとは異なるかたちで出てくるようになる。先に一番ケ瀬の近代、前近代の対比表を挙げましたが、かつては生産社会の問題であったものが、現在では消費、情報社会の問題や病いのようなものとして浮かび上がってくる。

関根　問題や病いはともかく、安くて便利で早いということになれば、確かに流行りますね。人間の欲望はそういうところにある。でも私はそれを追求するあまり、色々な歪みが生じてしまったんじゃないかと思っているわけです。

――　それと同時に安くて便利で早いと、一種の買い物ユートピアの到来でもあるのですが、それらの商品や買い物行為にまつわる物語がなくなってしまったような気がします。だから逆に欲望だけが肥大化していく。それは消費社会というのは消費者ファーストであるから自分ファーストにつながり、それが現在の社会現象へともリンクしていくのです。

関根　でも個人の価値観からすれば、そんなに安くて便利で早くなくてもいいということはあるわけで、問題はそこからきている。ひとつだけ挙げてみても、宅配便のコストに合わない料金がその一端を支えていたのは明白で、今度の値上げの影響も出てくるでしょうから。

そう考えながらも、人間の欲望というのはきりがないし、私が家庭通信社に入った頃の豊かな暮らしというイメージも、そのような社会をめざしていたのかもしれない。長生きだってそうだし。

―― そうです。長寿こそは古代からの人間の理想だったと思いますよ。

私は従兄が書をやっていまして、杜甫の七言律詩の「曲江」の掛軸をプレゼントしてくれたので、それを仕事場に掛けています。そこには「人生七十古来稀」とあり、中国の八世紀といえども、七十まではほとんど生きられなかったことを示している。それに比べれば、現在はユートピアのような長寿、高齢化社会だといっていい。

隣りの八〇代後半のお婆さんと話すのですが、昔の農業は体を使って大変だったが、現在は楽をしているので、長生きできるようになったとしみじみいっていました。でもその一方で、痴呆症のために施設に入っている人たちも多い。

関根 それなのね。私は自分と社会が一緒に老いていくことを早いうちから自覚していた。最初は高齢化社会がやってくるといわれていたけれど、その「化」がとれてしまって、本当に高齢社会になってしまった。

それは一九九〇年代からだったと思いますが、そうなると、自分もそうですけど、まさに景色も違ってくる。自分が歳を取っていく景色が社会の景色と重なってくるわけです。そういう意味で、ましてこれから私みたいに一人で暮していこうという覚悟をした段階で、自分がさらにどのように歳を取っていくかということがすごく重要な問題となり、それに関する記事も多く書くようにもなった。

32　家庭通信社の社長就任経緯

――それは関根さんが一九八九年に家庭通信社の社長に就任したこととも関連しているのですか。よろしければ、まず社長を引き受けることになった経緯などをお聞かせ下さい。

関根　すでに私が入社して二〇年たっていたわけですが、その頃になると家庭通信社の仕事はほとんど私がやっていた。直原さんは私にまかせたようなかたちで、ほとんど仕事から離れ、自分の趣味に走ってしまったのです。

その趣味はオーディオで、ＳＰレコードに関する原稿を全部自分で書いて、雑誌として刊行し始めた。それで配信の仕事は一切やらなくなってしまった。この雑誌は資料室にありますから後で持ってきます。

結局のところ、設立から三〇年以上がたち、直原さんとしては家庭通信の仕事がある意味で面白くなくなってきたこと、女・子どもの紙面ということで、自分自身でもやる気がなくなってきたのが原因ですね。それによくなかったのは雑誌にお金をつぎこんでしまい、最後は私の給料も出せないような状態になってしまった。それなら私が全部引き受けますからということで、私がお金を出し、家庭通信社を買ったようなかたちになったのです。

――なるほど。小さい会社にはよくある話だと思いますが、社員の問題はどうしたんですか。

関根　幸いなことに当時正規の社員はおらず、アルバイトとフリーの子を雇っていただけだった。だから譲り受けるにしても、スムースにいったわけです。仕事のほうはほとんど私がやっていたし、前に話したように写真も含めて。

それと同時に、入っていた赤坂のビルが契約更新の時期がきて、建て直すことが決まったところだった。そうなると再入居のための引越しとか面倒くさくなるので、それならどうせ茗荷谷は丸の内線だし、常に配信で出ていた銀座にも近いこともあり、自分の家に持ってきてしまった。

赤坂の住所とはイメージが変わってしまうかもしれないけれど、距離的には問題ないし、うちには母と祖母がいるだけで、この一階はすでに使っていなかったこともあり、こちらに会社ごと移してしまった。でもそれは正解で、むしろ私にはよかったと思います。

――年齢的なことを考えると、そうでしょうね。それにここなら東京駅にも近いし、地方の取材にも便利ですから。

でも経営者が変わることで、新聞社との配信契約の変更などはなかったのですか。出版社の場合、経営者が変わると、取引条件の見直しも生じたりしますから。

関根 それはありませんでした。直原さんも、そのまま継続していけば、利益は上がるはずだった。実際に定期的に値上げ交渉をしていたし、全社が上げてくれなくとも、定期的な収入は確保されていたわけです。

ところが直原さんが趣味に走り、それにお金をつぎこんでしまった。最後は自分の好きなように使ってしまったという感じでした。いってみれば、自分の道楽にね。

――それは家庭通信社から出版していたのですか。

関根　いや、個人でやっていました。マニアックな雑誌で百号まで出たようです。これも私が引き取り、資料室に保管している。直原さんは、自分が死んだら、奥さんが引き取るからというので、仕方がないと思い、この事務所に置いている。国会図書館を始めとして、寄贈すべきところへは送っているようですが、よほどのマニアでないと、読まないでしょうね。

――そうですね、ほとんどＳＰレコード特集ですから。

関根　よく竹の針でレコードを聴かされましたよ。かなり大きい蓄音機も持っていましたから。

――彼は大正時代生まれですから、きっと趣味に走るモダニストの典型だったんじゃないでしょうか。

関根　そうかもしれないですね。大正世代にありがちな。とにかくそれにかかりきりでしたもの。表紙も含めて全部自分で印刷し、製本も同様です。

――部数のほうはどうなんですか。

関根　どのくらいでしょうね。正確にはわからないけど、百部はつくっていたんじゃないですか。発送も大変で、固定読者に送っていたんだと思います。

――見れば見るほど本当の趣味の雑誌ですね。しかもきわめて限られた読者に向けての。

関根　かたわらで見ていても、すごいマニアック編集だし、よく書くことがあると感心したりもした。でもそんなに趣味に走れば、配信の取材どころではないわけで、デスクだけの仕事になっていた。

――もう亡くなったのですか。

関根　ずっと没交渉でしたが、去年亡くなりました。雑誌は引き取ってもらえず、ここに残されたことになります。

第Ⅳ部

33　配信方法の推移と変化

――今、手作りの雑誌のことが出ましたので、それに関連してうかがいますが、配信方法というか、ツールなどの変化はどうだったのでしょうか。

時代の流れからしますと、出版社でも原稿がＦＡＸからメールとデジタル化していきますが。

関根　基本的には紙焼きで出し、そのうちにフロッピーをつけるようになり、現在はＣＤですけど、基本的には同じスタイルを踏襲している。

ただ東日本大震災以後、北海道新聞などはメールでということになりましたが、他はこれまでどおりでいいといわれている。だからほとんど変わっていない。

結局のところ、十年一日のごとく紙で印刷し、コピーし、それに写真をつけて送る。ワープロが普及するまでは和文タイプライターで打ち、それを輪転機で印刷していました。

――ここでそれをやっていたのですか。

関根 そうなの、ドイツ製の輪転機があったのですよ。それで和文タイプの原稿を印刷していた。

―― 和文タイプも関根さんが打っていたのですか。

関根 いいえ、タイピストはいました。それは外注のようなかたちでしたが、毎週かなりの分量になりました。

―― 和文タイプからワープロになり、輪転機の利用が減り始めた。

関根 それはそうですね。あとは写真の問題もあり、それもかなり外注していた。もちろん私が撮れるところは自分でやりますけど、写真によっては外注せざるをえない。例えば、記事に家族団らんの写真を付けなければならないということになると、私がすぐに撮れるわけではない。それでそうした団らんカットを撮ることができるカメラマンに注文していた。

それからその頃はまだ白黒だったから、ここの地下室を暗室にして、自分で現像もやっていましたね。写真は難しかった。今のデジタルカメラのように撮ってすぐにぱっと見えればいいのだけど、それが失敗していないかどうか、現像するまでいつもひやひやものだった。

——一貫して取材、原稿書き、印刷、写真、現像という配信に至るすべてを担っていたことになりますね。

関根 すごいでしょう。それでいて考えてみたら、ずっと基本的な部分は全然変わっていないのですから。

34 『生き路びき』の刊行

——そうした家庭通信社の仕事は基本的に変えずに、社長を引き受けてから、先ほどの高齢化社会と自分が重なることを自覚し、新しい試みに挑みます。それが一九九二年に刊行された『生き路《いじ》びき』です。この試みに関しては関根さん自身から語って頂きましょう。

関根 この当時の私の視点と『生き路びき』の製作のモチーフは最初に記したコピーにこめられていますので、それらをまず挙げてみます。

＊「あなたはどんな生き方を?」

＊「家族がいても、自分の生き方は、自分で決める時代。」
＊「長生きはしたいが、最後まで健康でありたいよ。」
＊「高齢化社会は女の問題でもあるのよ。今からきちんと心構えをしておかなくちゃ……。」
＊「一人だから、安心できる仲間を探したい。」
＊「体が弱ってきても何かサポートがあれば……寝たきりになりたくないからね。」

それから監修は、当時、日本女子大学の教授だった一番ケ瀬先生にお願いしましたので、その言葉、及び目次も次に示しておきます。

監修の言葉　一番ケ瀬康子（日本女子大学教授）

お互いに人生が長くなりました。その人生のフィナーレをどのように演出するか、それは人生の最後の重要な仕事であると同時に楽しみでもあります。

人生は芸術という人もいるように、自らを自らで納得いくように、そしてより美しく演出してみてはどうでしょうか。しかし、そのためにはいくつかの条件、あるいは舞台装置などの情報が必要です。

この本は、そうした情報を提供するために作られました。まだまだ一部の情報に限られていますが、ぜひ活用していただきたいと思います。また、こんな情報がほしいという方は、ぜひ知りたいことをお知らせください。次号で役立てるつもりです。

目次

〈いさぎよく生きよう〉

私が書いたコピーと先生の言葉、それから目次を見て頂ければ、五五ページの小冊子に近いものですが、『生き路びき』のコンセプトとコンテンツがわかると思います。

35 「高齢化社会は女の問題でもあるのよ」

——私は関根さんが、一九九二年段階で、「高齢化社会は女の問題でもあるのよ。今からきちんと心構えしておかなくちゃ……」という宣言を発せられたことが画期的だったと捉えます。

だって関根さんはまだ四六歳ですから高齢ではないし、現在の時点で考えれば、まだお若かった。私にしてもその時代はまだ働き盛りの感じで、とてもそこまでの覚悟を決めていたことはありません。それはやはり関根さんが一人暮らしで、これから歳を取っていくことも作用しているでしょうが、配信の取材も大きく影響しているんじゃないか。

関根　すでに一九八〇年代後半から、やがて訪れてくる高齢化社会をどのように生きていくかという視点で取材を始めています。だから高齢化の問題を意図的に追求してきたところもある。

私は四〇歳を過ぎてから社長になったわけだけど、その時から自分も含めて高齢化は見えていたし、そこにはどのような歳の取り方がふさわしいのか、またこれからのそうした社会に必要なものは何かと考えていたので、随時取材をしていたのです。

目次の最初に「尊厳死」がありますが、それもひとつのテーマで、それは何か、どのような情報があるのか、それに関する団体などが存在するのかを取材した。

——そうか、それで「尊厳死」とは「平安で〝自然な死〟が一番」だとするもので、「植物状態になったら不自然な治療はしないでほしい」という「尊厳死の宣言書（リビング・ウィル）」を必要とするとなるわけですね。そしてその登録のための第三者機関が「日本尊厳死協会」であると。そうして「尊厳死」という一章が構成される。

関根　それに合わせて、散骨のことを調べたり、合祀の墓とかも探したりしましたが、当時はあまりにも少なかった。でもそれが「墓」や「合祀塔リスト」の章に反映されていく。

ただこういうことに私が早い時分から注目してきたのは結婚していなかったからで、そうでなければ違っていたかもしれない。

——それはどうかな。結婚していても老いは必然的にやってくるし、それを早く認識するかどうかは、家族環境も絡んでそれぞれ違うようにも思えますが。

関根　でも私は潔く生きたいとか、人にできるだけ迷惑をかけたくないという意識、そのためにはどうしたらいいのかという思いが人一倍強い。

――それが『生き路びき』に強く反映されている。

関根　そう、まさにそういう視点で取材し、ピックアップしたのが『生き路びき』なんです。私は『生き路びき』に本当に自分が生きるために、歳を取るために何が必要かという不可欠のファクターをひとつずつ挙げ、ナビゲーターとしてインフォーメーションを提供する編集方法を最優先した。ですから一号が一番よくできたと思う。

これは高齢化社会における自分らしい生き方を探すことができるという意味で、役に立つはずだと自負してもいるからです。

36 『生き路びき』の反響

――反響のほうはどうだったんでしょうか。

関根　このような内容の『生き路びき』はどこにもなく、大きな反響を呼びました。中し込んでくる人の多くは五〇代以降の女性だった。入手後、「こういうものがほしかった」「次号も必ずほしい」との読者の声が多く寄せられた。配信先の新聞社などにも紹介してもらったことも大きかった。

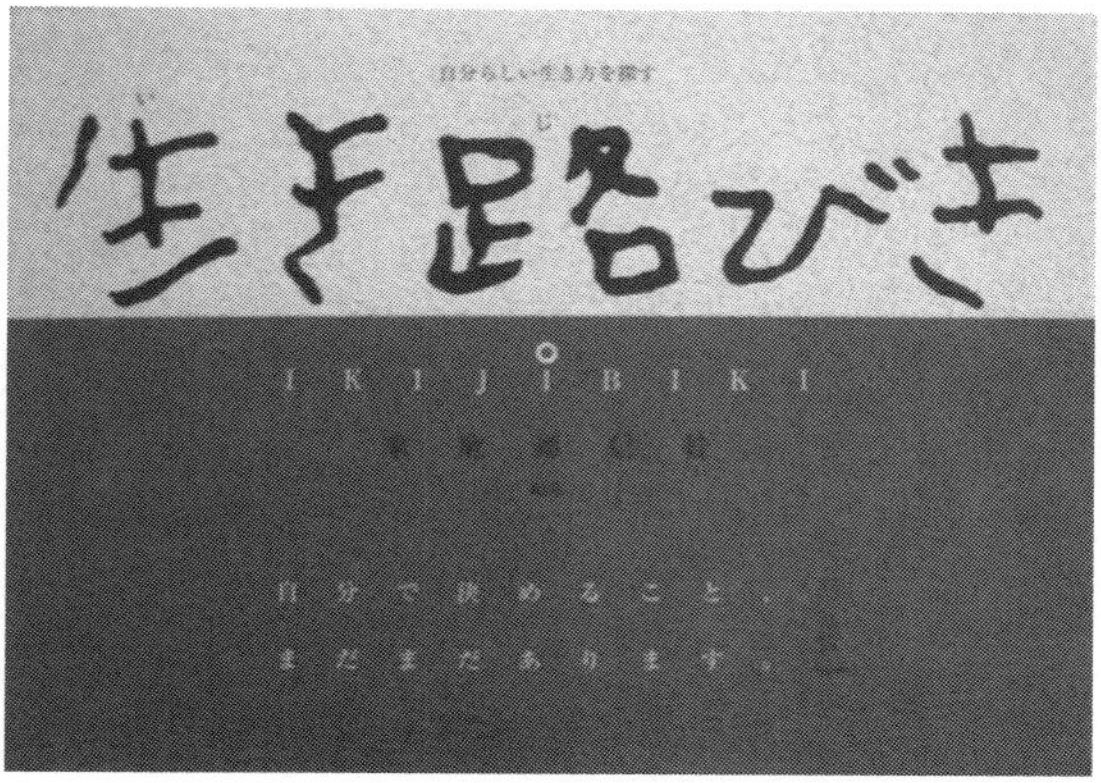
生き路びき
IKIJIBIKI
自分で決めること、
まだまだあります。

それで一九九三年に二号、九七年に三号、二〇〇七年にはこれまでの家庭通信社版ではなく、博文館新社から刊行になりました。でも高齢化社会はより進む一方で、もはや『生き路びき』の問題提起だけでは収まらなくなってきている気がします。ただ今の終活ブームの中の終活ノートの先駆けにはなったのだと思います。

―― 本当にそうですね。周りでもそうした例はいくらでもあります。近くに研究会をともにしていた知り合いが住んでいて、「出版人に聞く」シリーズが出ると、元気だよという意味で届けている。ところが先日うかがったら、停年退職して悠々自適なはずなのに、何か元気がないので、どうかしたのかといったら、「いやあ、おふくろが百歳になってしまった」というのですよ。実母で、奥さんとの三人暮しだけれど、夜、何かあるといけないので、毎日母親と同じ部屋に寝ていて気が休まらない。

どうしてかというと、何かあった場合、救急車は呼ばないと決め、かかりつけの看護師に連絡し、それで応急処置をする方針でいるためで、下手に救急車を呼び、病院で治療されると植物人間になってしまう可能性があるからだという。

関根　『生き路びき』ではないけれど、不自然な治療で植物状態になってしまうこともありますからね。

――それは避けたいのだというけれど、そのようにして生活するのも大変なことだとわかる。さらに彼がいうには自分が地域の民生委員をやったので、どこの家も高齢者を抱えて苦労していることを知っていて、自分のところだけじゃないんだと慰めているともいっていました。

関根　本当に大変ですよ。今日だって介護殺人がありましたね。六二歳の息子が九〇代の父親を殺しちゃった。男同士の介護というのも悲惨だし、わかるような気がする。

――現在の殺人事件の五割以上が尊属殺人だと伝えられていますが、老々介護などから生じたものも多いのではないか。

私の場合をお話ししますと、母が早世していることもあり、二十歳そこそこで、父と祖母が続けて亡くなり、看病と世話で大変だと思っていた。でも現在の話からすれば、期間も短かったし、比べものならない。

ついでにもうひとつ聞いて下さい。これは私の友人の話で、元は出版社をやっていたのですが、自己破産してしまい、世田谷でデイサービスの運転手をしている。彼から逐一事情を聞かされ、高齢化社会の現実を知ると、本当に絶望的な感じになる。

ところが今はまだ人数が少ないので支えられているけれど、団塊の世代がデイサービスを受ける高齢者になったら、施設にしても介護者にしてもとても足りないし、もはや収容しきれないといっている。私は冗談で、ソルジェニーツィンではないけれど、日本が高齢者の収容所列島となるのじゃないかといってきましたが、現実化していくかもしれない。

もちろん我が身も含めてですが。

まあ、高齢化社会のことを挙げていったらきりはないし、周りでも日常茶飯事といっていいほど何かが起きている。

関根　だからもうざらですよ。自分ではしっかりしているつもりでも、本当のところはわからないし。

今の高齢者は子どもたちに迷惑をかけたくないというので、だいたい一人暮らしが多い。都内での確率は高いと思うわ。この辺は在宅介護が多いけど、それも結婚していない息子が介護している。私も最近まで成年後見人をやっていました。

37 成年後見人の体験

――関根さんの年譜を見ると、二〇〇八年から一七年、そうか、去年までやっていたのですね。それはどなたの成年後見人だったのですか。
関根 この近所のおばさんです。亭主が死んじゃって、子どもがいないから一人暮らしだった。彼女が元気な時に、私が任意後見人の契約を結んだわけね。何でもなければ、そのままで役割を果たさなくてもいいのだけれど、契約を結んで半年位におかしくなってしまった。それからが大変で、昨年の五月に亡くなったのですよ。
――おいくつでしたか。
関根 八六歳だった。その人はレビー小体で、妄想に取りつかれてしまうの。アルツハイマーではなく、妄想のほうだから、最後は毒が入っているから飲むなといわれていると信じこみ、飲み食いしなくなって、結局老衰で死んでしまった。

でも成年後見人ということで、私が全部の財産管理をすることになった。住居は借家だったから大家に返して、それで終わりだった。ところが銀行預金もあり、投資信託や国債も持っていたりした。それらを全部、監督人の弁護士と相談しながら時間をかけて整理した。

それでも近所の施設、グループホームに入れたからよかった。近所だから気軽にいけたという条件にも恵まれていた。いろんな意味で、その仕事をしたというのもいい経験でした。

――「成年後見制度」に関しては博文館新社版『生き路びき』で、章として立項されていますが、親族だと色々と問題が起きるとも聞いています。かえって関根さんはまったくの他者だったからよかったのかな。

でも東京のこのようなところでも高齢化社会の現実がそうして露出しているのかと、あらためて驚いてしまいます。

関根 よその人から見れば、そうでしょうね。でも本当に驚くほど高齢者が多く、それでいて子どもの姿は見ることがない。以前はここら辺を称して「ばばあ横町」といわれていた。いやんなっちゃう。

それに加えて、家があっても、これが財産になるかどうかもわからない。空き家が多くなると売れないし、価値がなくなってしまいますから。

――でも関根さんもここにずっと住み、両親も看取ってきたことからすれば、終の栖であってしかるべきであるのに、それも淋しい話ですね。

関根 それが高齢社会の現実で、私も重なっているからでしょう。今になって思えば、父が死んだのは一九六九年で、その葬式はこの自宅でやりました。母と祖母もこの家で看取りましたが、葬式はお寺か式場で、それからはどこでも葬祭センターになってしまった。これもあなたのいったとおりです。

38 地方における商店街の消滅

――でもまだここは地の利もいいし、一人暮らしの老人でも生活していけることは救いのように思われます。まだ町が成立していますから。

でも地方の場合、町がなくなってしまった。郊外消費社会が形成されたことによってつぶれちゃったといっていいのかな。静岡県の例でいったら、ＪＲの東海道線沿いで町が残っているのは静岡しかない。静岡は県庁や市役所が駅から歩いていけるところに位置していて、それを中心にして商店街があることも作用していますが、出店規制が厳しく、コンビニが出店したのも一番あとでした。静岡おでんなどが名物になっていますけれど、コンビニが早く進出していたら、なくなっていたかもしれない。また駅まで歩いて帰れることもあり、飲み屋街もまだ元気ですし、町自体を楽しむことができる。

その他は全滅です。浜松なんて駅の近くの老舗百貨店が倒産後、更地になったままで十年以上がたっている。巨大な郊外ショッピングセンター群に囲まれ、町は空洞化してしまった。

私が住んでいるところも、以前は駅前に商店街があり、いろいろな食堂、定食屋、喫茶店、飲み屋などが揃っていて、それなりに生活できたけど、今はなくなってしまった。その結果、商店街は解体され、代わりに大型マンションが二棟建ち、昔の面影はほとんどない。なくなってみて実感するのは町の魅力は商店街にあったということです。学生街にしても、様々な飲食店や古本屋が大事で、私たちにしても、学校というよりも、町からいろんなことを教えられたんじゃないかと思う。だから楽しい生活というのはそういうインフラが充実しているところにあるとわかる。しかし安くて便利で、何でもあるようで何もない郊外消費社会にはそれを感じられない。なぜかというと、商店街にはそこの住民が暮していたのに、郊外消費社会は店舗と商品だけで形成されているからです。

関根　それはとてもよくわかるわ。ここだってかつては八百屋、魚屋、肉屋、様々な飲食店も揃っていて、ここの日常生活のインフラを形成していた。ところがスーパーが出現したり、ナショナルチェーンの店が出てきたりして、変わっていった。

――　でもまだいいのは車社会になっていないことです。地方は車社会で、近くにある商店街が壊滅してしまったので、郊外に買い物にいくしかない。それで八〇歳を超えても、車の運転をしなければならないので、それにまつわる事故も多く発生している。意識して観察すると、近年男女を問わず運転する人が驚くほど高齢化しています。

関根　車社会における高齢化現象というのはここで生活していると想像できないわ。でもそれだって、車社会と郊外消費社会と高齢化をセットで考えれば、予測できたことだと思いますが、現実のほうが先に進み過ぎてしまうし、政治も追いついていかないし、見通せない。介護保険ができた時、そうした政治が実現したかと一旦は思いましたが、あれが成功しているとは思えないしね。

――今、政治といわれましたが、巨大な郊外ショッピングセンターの乱立を許可化したのは二〇〇〇年に大型店の出店を規制してきた大規模小売店舗法（大店法）が廃止され、大規模小売店舗立地法（大店立地法）の施行です。実質的にこの施行で巨大なショッピングセンターの出店がフリーになり、またそれを認可した地方自治体は地域の繁栄と雇用促進、新たな固定資産税の増加を旗じるしにしました。

ところがそのためには新たなインフラ設備が必要だし、逆に地域の繁栄どころではなく、既存の商店街が没落し、逆にそこの固定資産税の徴収も難しくなる。ショッピングセンター本体にしても入居テナントにしても、本社は中央にあるので、各会社からの税収は上がらず、雇用にしてもパート、アルバイト収入が地元に落ちるだけで、消費そのものも中央へと奪われていくかたちになり、まさにグローバリゼーション・ビジネスの雛形だとわかる。

既存の郊外消費社会だけで飽和状態なのに、どうしてこのような巨大なショッピングセンター開発のための法律施行を政治は進めたのか。それがアメリカの「要望書」に基づくことはわかっていますが、高齢化社会の問題も含めて、将来的ビジョンを透視していないことは明らかです。これらの問題も日本の一九七〇年代に起きた生産社会から消費社会への転換という大きなパラダイムシフトに対して、将来的ビジョンを確立できなかったことに起因している。

39 「くらしの羅針盤会議」の発足

関根　つまり巨大なショッピングセンターが将来的ビジョンもなくフリー出店されるようになると同時に、さらに新たな消費生活も生まれていくということですよね。ちょうどその二〇〇〇年に私は「くらしの羅針盤会議」を発足させました。それは暮らしの省力化が進歩だとする視点でずっと記事を配信してきたことへの反省の思いが原点にあります。

――　これはお聞きするよりも、その会議の内容をレポートした関根さんご自身による「くらしの羅針盤を求めて」が、日本女子大学図書館友の会の「会報」の２０００・11・（No.96）に掲載されていますので、その全文を引いてみます。

くらしの羅針盤を求めて

関根由子

地方新聞社に家庭、生活欄の記事を提供する記者生活も、すでに30年を超えました。家庭、暮らし、生き方などさまざまなテーマを取材して記事を書いてきました。私が携わったこの30年間は日本で「生活」や「家庭」「家族」というものが最も変化した時代でした。時代を少し先取りしたり、暮らしを検証しながら取材し、それなりに仕事にも飽きないなあ、面白いなあとやってきました。

ところがここ数年、さまざまな取材で、日本人の暮らしが崩れていきつつあるのではないか、という危機感を抱くようになりました。例えば、若い女性の電車の中での化粧、ところ構わず道路にしゃがみこんで飲み食いする若者たち、また幼児にカロリーメイトを与えて食事にするという20代の母親などを目の当たりにすることもあり、何か変だ、何かおかしいと首を傾げることが増えました。私たちのしてきた仕事にも責任があるのではないか、もしかして何か壊してしまったのではないか、まず自分の反省をこめて考えてみました。それまで続いていた価値観や暮らしの知恵や知識がどこかで断ち切られてしまったのではないかという問い直しが、私の心の中で始まったのです。

▽工業化、洋風化の時代に

私は昭和44年に社会福祉学科を卒業してこの仕事に入りました。当時は70年安保闘争もあり社会は騒然としていましたが、その前の東京オリンピックを境にテレビ時代が始まり、週刊誌も創刊ブームを迎えており、日本全体が高度成長期でした。経済白書で「消費革命」といわれたほど、食品から家具調度品に至るまで消費生活が豊かになり、新しい商品、製品がどんどん作られていき「工業化」の時代が始まっていました。一方、メーカーの価格流通支配に反発する「流通革命」も全国で起こりはじめ、スーパーマーケットの価格競争もありましたし、食品公害、欠陥自動車、工場や自動車の排水や排気ガスによる環境破壊も問題になっていました。

このような時代背景の中で、新聞の家庭面の読者像はそれまでの単なる主婦から、「主婦プラス消費者」というイメージでとらえていきます。ですから記者生活のスタート時には、賢い消費者になるため、商品知識や上手な使い方を紹介したり、新しく開発された製品を取材したり、もちろん消費者運動についても取材しました。電化製品などが次々に作られていきましたし、まだまだ女性たちへの啓蒙時代だったと思います。

生活はどんどん洋風化していき、消費は美徳といわれ、より電化が進むことをよしとし、便利になることが夢でもありました。電化製品も、いかに簡単に早く仕上がるかという視点での開発がなされてきました。そして私たちは新しいものはすべて進歩と思ってきたわけです。スイッチ一つで、あるいはお湯を注ぐだけで。急速に家事は楽になっていきました。これは一方では家庭から手の仕事が急速に無くなったことでもあります。しかも器具に頼る生活のため、基本が分からなくなりました。炊飯器が壊れればご飯が炊けないという人が増えていきます。

私たちは専門家と消費者を結ぶ立場で仕事をしてきました。しかし、その視点はいかに効率的であることがいいことか、上手に器具をつかいこなすのがいいことか、だったと思います。今、果たしてそうだろうか。何のための効率か、を問い直してみると、「そんなに急いでどこへ行く」です。手を省くことを追求して、実はそれと一緒に「五感」も省いてきてしまったのではないかと思います。

それは子育てにも影響しています。電化製品や機器がなんでも早くできるから、知らず知らず子育てもすぐできるような錯覚に陥ってしまいました。親たち、大人たちは、「早くしなさい」「早くしなさい」と子どもを急き立てて、早く大きくなってくれないかと思っているわけです。でもどんなに急かしても、子どもが大きくなるにはある一定の時間が必要なのです。長い一生から見て、今この子がどんな時期なのか、そんな視点が必要なのに、「早く、早く」と煽り立てて育てた果てが、人間関係も十分に結べない子どもたちの出現になったのではないでしょうか。

▽「世代の責任」を感じて

面白かったから、誇りが持てたから、30年間、仕事を続けられたのですが、今、50代になってみると、「私たちの世代の責任」が少なからずあるということに気付きました。工業化の時代だったということもありますが、父や母、あるいは祖父や祖母たちの文化を古臭いといって否定してきたのではないか。次々に出る道具類に目を奪われ、手仕事を忘れてしまったのが、私たちの世代だったのです。

では、どうしたらいいだろうか。このままではいけない。「自分たちで暮らしの羅針盤探しをしよう」と、友人に声をかけました。すると、「同感。私も何かしなくちゃと思っていたのよ」という友人が数人現われたのです。何をどうしたらいいか、1年間かけて話し合いました。「便利さだけを追求する生活が暮らしを崩しているのではないか。手仕事をしないことは五感も失ってしまう。もう一度、親世代の知恵を学び、生きる力を取り戻そう」と、問題点が浮かび上がったのです。

そこで、暮らしをもう一度見直しませんかというメッセージを込めて「くらしの羅針盤会議」を今年の4月に立ち上げました。第一回のイベントは渋谷の東京ウィメンズプラザ・ホールで行い、まず私が「消費者と呼ばれる時代は終わった」のテーマで、30年間のさまざまな取材から、「モノに振り回される生活はさようなら、体を使い、手を使う基本に沿った生活をしよう」という話をしました。

そして第2部は「くらしの井戸端会議～失ったものは何？これから築くものは何？～」をテーマに、昭和のくらし博物館館長の小泉和子さん、記録映画監督の時枝俊江さんに、たらいの洗濯風景を記録したビデオを見ながら話ししてもらいました。昔の生活技術はこのように撮影しておかないと、どんどん消えてしまうことに危機感を持った小泉さんが、自分の母親をモデルに時枝さんに撮影してもらったものです。

▽手仕事の大切さを知る

いくら手仕事が大切といっても、たらいでの洗濯を復活させようとしてビデオを映写したわけではありません。どんなことがあっても、洗濯機がない時代にはもう戻れないし、洗濯機ほど女性を家事の大変さから解放した道具はないからです。このビデオを見て感じたことは、昔の洗濯はいかに手の動作が多かったかということでした。「捩る」「摘む」「擦る」「捻る」など、全て手偏の動作ばかりです。今、私たちはこの動作をどれほどしているでしょうか。ぞうきんをしっかり絞れなかったり、箸も満足に使えない子が増えているのです。呆けないために手先を使う大切さが言われていますが、日常生活の中で、手仕事をもっと取り入れる必要があります。

と同時に、とても段取りよく仕事をしているなということです。シーツなど大きなものを洗濯するときは、干すときのことを考えて手際よく洗っていきます。手を使うと知恵も生まれます。機械の便利さに追い回される前の手の仕事を見ることができ、現代の生活で忘れていることが浮かび上がりました。

当日は百余名もの参加者がありました。ほとんどが女性でしたが、こんなにも今の生活に危機感を抱いている人がいるのか、ということが実感できたのが大収穫でした。そしてこの催しが行なわれたことが新聞その他で報道されると、さまざまな人から「共感する」「次は何を」といった手紙がきました。その後、随時回を重ねています。

先日は、「美しい日本の道具たち～モノとの付き合い方～」というテーマで、使い手の立場で、漆器職人などの道具の作り手と使い手の橋渡しをしている女性の話を聞き、心地よい生活とは何か、豊かな暮らし方とは何かを学びました。見る、触れる、味わう、嗅ぐ、聴くといった五感の働きを、私たちはどれほど使っているでしょうか。便利すぎる生活で失われているのが現実です。その上に失われているのが生活の知恵。知識はあっても知恵がありません。こうしたことを参加者一人一人気付いていきます。会員制ではないので、毎回参加する人も異なりますが、参加することで、一人一人の暮らしの羅針盤（指針）を探す手段になればいいと思っています。

今、「情報社会」「ネット社会」と叫ばれ、社会が急激に変質しています。そういう時代だからこそ、手の仕事、自分の皮膚感覚といった五感を大切にしていなければ流されてしまいます。

ジャーナリストとして暮らしを見詰めて30年。このままではいけない。なにかをしなければ子どもたちの世代がだめになってしまうという思いで始めた「くらしの羅針盤会議」。今までの仕事を集約するライフワークとして取り組んでいくつもりです。

いいですね、関根さん。一九六九年から三〇年にわたって手がけてきた中仕切りという思いがにじみ出ています。『生き路びき』に続いて、この「くらしの羅針盤会議」を立ち上げ、手仕事の見直しを提案し、これをライフワークとするとの宣言にもなっていますが、反響はどうでしたか。

関根　東京での第一回会議は「消費者と呼ばれる時代は終わった」というテーマでしたけれど、二〇代から八〇代までのほぼ百人が参加し、盛況だったといえるでしょう。もちろん手仕事をそのまま復活させることを主張したわけではないし、かつての女性の活力と生活技術を学びたいと思ったことが共有されたと思います。

それと背景には自分も生活提案として、子どもの自立には個室が必要だと主張してきたけれど、最近は密室化し、引きこもりのきっかけになっているといわれるようになり、それに対して、責任を強く感じていたこともあります。

生きる力 取り戻そう

手仕事減り五感に衰え

都内「くらしの羅針盤会議」が始動

モノがあふれ、便利さを追求するほど「暮らし」が崩れてしまっているのではないか、もう一度先人の知恵や知識、手仕事などを見直すことが生きる力を取り戻すことになるのではないか。そんな思いを持つ女性たちが「くらしの羅針盤会議」をこのほど発足させた。

「発起人は、新聞の家庭面向けニュースを全国の新聞社に配信する「家庭通信社」代表の関根由子さん(53)。衣食住、福祉、健康、育児など日本人の生活全般について三十年間報道してきた。

「日本の暮らしが洋風化、工業化で最も変化した時代だったため、仕事がとても面白かった。しかし、その中で楽で効率的な生活を追求することが賢い消費者になることだとの視点で、忙しいからと手を抜くことを勧め、親の代からの教えを切り捨ててきた。果たしてこれでよかったのだろうか、もう一度暮らしを見直したい」と、同会議を呼び掛けた背景を語る。

この呼び掛けに共感したのが、シングル女性の生き方、暮らし方を追求するノンフィクション作家の松原惇子さんと、消費という言葉に日ごろから疑問を持っていた消費生活アドバイザーの石橋直子さん。それぞれに今の暮らし方に不安や疑問を持っていた。

このほど東京で開かれた第一回会議は、「消費者と呼ばれる時代は終わった」というテーマ。二十—八十歳代の約百人が参加した。簡便、効率化などを追求したモノによって手の仕事が衰え、それによって五感も衰えたのではないかという提言や、家事の記録ビデオでかつての主婦が手をどのように使っていたかを映写した。熱心な参加者からの質疑応答もあり、会場は盛り上がった。

「この会議が一人ひとりの暮らしの羅針盤（指針）を探す手段になれば…。今後特に組織化せず、関心のある人が会議ごとに集まったり、ホームページで意見交換したい」と関根さんは語る。アドレスはhttp://www.isenet.co.jp/kurashi/

問い合わせは、家庭通信社〒112—0012、東京都文京区大塚1の1の2、電話03（3947）5723。

2000年4月17日『山形新聞』

よかれと思っていた配信が時を経て、プラスではなく、マイナスの方向に働いてしまうことにショックを受け、長きにわたって生活の中に溶けこんでいた手仕事に目を向けるようになった。それで高齢化問題と手仕事が私のライフワークになっていくわけです。

40 『ふれあいねっと』編集長就任

―― ほぼ同時代に『ふれあいねっと』の編集長にもなっている。これは高齢者のための雑誌ですよね。

関根 『ふれあいねっと』は送っていなかったはずなのに、よくご存じですね。これは一番ケ瀬先生が会長だった社団法人長寿社会文化協会の会員誌です。この団体は長寿社会に向けて、シニアの自主的な社会参加活動を活性化したり組織化したり、その支援が目的で、当時、介護保険ができる前だったので、ヘルパーを養成し住民参加型ホームヘルプサービスを全国展開していました。

先生は下河辺敦さんの後、第二代の会長として一九九八年に就任。その際、会長代行の理事として私が誘われました。忙しい先生に代わり、できることは私がやるということでした。

会員として、個人以外にもホームヘルプサービスグループ、子育て支援グループ、趣味のグループなどが活動していました。まだNPO法や介護保険ができる前でしたから、社団法人という大きな組織の傘下に入っていることは、シニアグループにとっては大きなメリットがありました。

その会員向けに『ふれあいねっと』は出版されていて、私は二〇〇一年から二〇〇五年まで編集長を任されました。一番ケ瀬先生は、二〇〇七年に倒れるまで会長でしたが、その後同協会は公益社団法人になって会員は少なくなりましたが、現在も活動しています。

たまたま私が「くらしの羅針盤」を立ち上げた直後に、『ふれあいねっと』の編集長をやってくれという話がもちこまれた。それで引き受け、この五年間の編集長時代に自分のやりたいテーマを全部実現したという感じがします。

――その間の家庭通信社はどうされていたのですか。

関根　両方を兼ねていました。ただここら辺から家庭通信社の取材は自分でするよりも他の記者に任せる比率が高くなっていきました。新聞の紙面も年がでます。若い記者の取材するテーマと私の興味のあるテーマとはおのずと違います。もっと家庭通信の記事を若

一番ヶ瀬康子先生（左）と著者（2000 年）

返らせようと、若い記者に任せたのです。

そこで家庭通信社とは別にアンテナを張り、シニアである自分の関心と興味も広げ、『ふれあいねっと』に注ぎこんできた。

――『ふれあいねっと』はどのくらいの部数が出されていたのですか。

関根　会員がかなりいましたから、一万五～六〇〇〇部は出ていましたね。そうじゃないと、これだけのカラー誌面は使えない。

そういう意味では一番いい時代だった。今ではこんな雑誌は出せないし、会員も集まらない。私にとっては『ふれあいねっと』での試みはすごく重要で、いい体験でした。

――あの世とこの世のテーマとか、散骨などもあり、このような雑誌の試みとしては面白い。

それに関根さんの家庭通信社での経験、『生き路びき』の企画編集、「くらしの羅針盤会議」の立ち上げが三位一体となって『ふれあいねっと』で結びついているとよくわかる。

関根　この時期は同窓会なんかも重なっていて、ちょうど世代的に同窓会をやりたがるようになる。私たちも二〇〇六年で六〇代を迎えつつありましたから。

41　高齢者社会の内実

――でも今は六〇代といっても高齢者の自覚はそんなにない。実際に自分もそうですから。かつて石川達三の小説に『四十八歳の抵抗』というのがあって、これは四〇代の初老を描いているわけですが、書かれた当時の一九五〇年代にはその歳でも初老といわれていた。それに比べれば、隔世の感がある。

関根　そうよね、昔は。今はそんな歳で初老なんていわれたら怒ってしまうでしょう。それこそ昔でしたら腰が曲がっている人がいくらでもいたけれど、もうほとんどいない。

――やはり生産社会の場合、農業だけをとっても現在と異なり、機械化もされていなかったから労働がきつかった。少なくとも、それからは解放されたし、食事や栄養状態も異なり、長寿になった。

関根　それに施設に入れれば、冷暖房完備で、ケアされる。そのことによってさらに高齢化が進んでいく。百歳以上はざらで、日本全国で七万人近くいるというから、ひとつの地方自治体の人口に匹敵する。結局のところ、かつてに比べれば、いろんな公害や汚染もあるけれど、よしとしなければいけないという結論になってしまう。

でも問題はその高齢者の内実ということになるし、確実に女性の平均寿命は九〇歳に達する。そうなった時に社会とそれをめぐる政治状況はどうなっているかも大きな問題でしょうね。

私もそうでしたが、家族構成が三世代にわたり、小さなコミュニティ的同居するというパターンは、子どもを産まない時代だからとても無理です。だから家庭内で高齢者を最期まで看るのも難しい。

――　それは現在の高齢者自身も直面している問題でしょう。佐藤愛子の『九十歳。何がめでたい』（小学館）に続いて、吉沢久子の『100歳の生きじたく』（さくら舎）もベストセラーになっているのはその表われでしょう。

ところが日本の出版社というのは雑誌が主体であるから、激務の編集長は若くないと務まらない。さらに編集長になると、執筆者や部下は年下のほうがいいから、どうしても若年層の編集者が中心となり、高齢の著者を支える編集者は少ない。おそらく高齢化社会が進むにつれ、逆に減っていったと思う。

もしそうではなく、逆に高齢の著者を担当する停年の編集者を再雇用し、高齢者向き出版企画と市場をクリエイティブに展開すれば、従来と異なる「翁と媼」のための文化も生まれたのではないかと思ったりするのです。

関根 私も無意識的にそれを考えていました。今年の初めに自分の年譜を作ったのは公私ともに五〇代から六〇代の初めが自分のピークだと思った。

平均寿命が九〇歳とすれば、六〇歳からまだ三〇年があるわけです。私がいろいろとしてきた仕事がその三〇年にうまく反映され、生きていくよすがとすれば、一番いいけれど、先のことは本当にわからない。

42 『いきいき』の仕事

—— まだ確実に二〇年はあるわけですから、そんなことはおっしゃらないで。

さてあまり先にいってはいけないので、少し時間軸を戻します。『いきいき』という雑誌がありますが、これは栃木銀行の仕事でしたよね。

関根　これは創刊が一九九三年で、二〇一七年の春の四九号をもって終刊となりました。栃木銀行がシニア向け会員に出していたものですが、今は銀行もよくないし、もう予算がとれないということで打ち切りになった。でもちょうどよいところで終わったという感じです。

――不思議ですね。関根さんが仕事を整理するつもりでいると、向こうからそのようになってくる。

関根　本当に不思議ね。私のほうでは区切りもつき、終わりにしようと考えていたら、『いきいき』そのものが終刊となってしまう。

――これは関根さんが全ページ担当したのですか。

関根　栃木銀行の宣伝は別にして、頭取の対談、シニア向けの地元の人の取材やエッセイ、シニアの紹介など、ほとんどを手がけていたことになります。読者は芸能人やタレントが大好きなので、対談に何人セッティングしたことかと思います。

――こういった仕事はダイレクトに入ってくるのですか。

関根　そうではなく、栃木の日放エンタープライズという会社からの発注ですから、その下請けです。でもその会社は足利にあったので、芸能人やタレントの交渉からセッティングまで、東京にいた私が担いました。

――「年譜」を見ますと、関わっている年月ラインが最も長い。四半世紀ですものね。

43 「関根由子のコーヒータイム」と『ドゥアイ』

関根 私の場合、一旦始めると長丁場になってしまう傾向があるのかもしれない。日本商工会議所会報の「関根由子のコーヒータイム」というエッセイも十年続きました。

――そうした仕事は関根さんの代になってから営業してとったというわけですか。

関根 営業したわけではないけれど、三〇年以上家庭通信社の取材に携わり、一九八九年に社長になったあたりから、飛びこんできた仕事だといっていいかもしれません。

この『いきいき』の仕事と商工会議所のエッセイと平行して、ドイトが出していた『ドゥアイ』という雑誌で、若手の女性職人の取材も始めました。

――ドイトといいますと、一九二七年に日本で初めてといわれるＤＩＹのためのホームセンターを出店した会社のことですか。

関根　よくご存知ですね。そのドイトの母体はタクシー会社だった。それで定年後のタクシーの運転手の雇用先を考えていたところに社長がアメリカを視察し、ホームセンターがあるのを見つけ、それをヒントにしてドイトを始めたわけです。ところがその後のホームセンターサバイバルも厳しく、大手に負けてしまい、今ではドンキホーテに吸収されてしまった。

――そうだったんですか。ドイトがドンキホーテに吸収されたとはまったく知りませんでした。

関根　それはともかく、一九九〇年代にはそういったＰＲ誌を兼ねた隔月刊の雑誌を出す余裕もあり、私としては手仕事と女の生き方の両方を取材しようと思い、それも十年続きました。最終的に五四人を取材した。

――その女性職人はどのようにして見つけたのですか。

関根　それは自分で各地の伝統的工芸品の産地に問い合わせたりして、そうした取材対象を見つけ、現地にいって会いました。当時はまだ女性職人も少なく、玉石混交の感がありましたが。

44 「伝産講座」と「古酒の会」

関根 それからやはり重なるかたちで、「伝産講座」というのもやりました。これも二〇〇二年から〇九年にかけて、九四回開催した。

―― 主宰者は誰だったのですか。

関根 私が主宰しました。場所は当時池袋にあった伝統的工芸品センターを借りて、大体月一回、色々なテーマ、面白いテーマを設定してです。

―― 「伝産」というのは伝統産業と考えていいのでしょうか。

関根 そうです。だからみんなで大相撲にもいったし、職人仕事をしている知り合いの女性たちにもきてもらい、その技術というか技巧を披露してもらった。

この「伝産講座」に関連して、同じ年に同じようにして、「古酒の会」も始めた。この会も面白かったですよ。日本酒の古酒をいっぱい並べて、豆腐や漬物など発酵食品を紹介しながら古酒を飲んだりした。江戸の甘酒なんかもつくってもらったことがあった。

これができたのも取材でお目にかかった本郷信郎さんがいたからで長期熟成酒研究会の

暮らしに生かす知恵を学ぶ「伝産講座」（於・東京・池袋・全国伝統的工芸品センター内）

２００２年――

第一回　４月４日「伝統的工芸品ってなに？」講師・兼崎俊一（伝統的工芸品産業振興協会元専務理事）

第二回　４月18日「暮らしに生かす　日本の手仕事」講師・小山　織（スタイリスト）

第三回　５月２日「心地よい暮らしに　漆のうつわ」講師・高森寛子（生活工芸品コーディネーター）

第四回　５月16日「和の装いの勧め」講師・佐々木久子（随筆家）

第五回　６月６日「もっと活用　スズの器」講師・今井崇子（錫器事業協同組合理事長）

第六回　６月20日「くらしに役立つ　和紙遊び」講師・小林一夫（おりがみ会館館長）

第七回　７月４日「個性で生きる　女の職人」講師・井上あき子（博多人形）下司

喜三子（京繍）　伴和子（博多織）
第八回　7月18日「見る目　選ぶ目　日本の陶磁器」講師・梅村晴峰（日本伝統工芸士会会長）
第九回　8月1日「和紙いろいろ　その用と美」講師・浅野昌平（㈱わがみ堂社長）
第十回　8月15日「造作に生かす漆の可能性」講師・桐本泰一（輪島朴木地工芸・桐本木工所）
第十一回　9月5日「季節感の演出　和菓子と器」講師・水上　力（お菓子調進所一幸庵店主）
第十二回　9月19日「大名文化の流れ　日本のガラス器」講師・木村秋男（東京カットガラス協同組合元理事長）
第十三回　10月3日「暮らしを楽しむ　二人の食卓」講師・クニエダヤスエ（テーブルコーディネーター）
第十四回　10月17日「日本の文様　その意味と歴史」講師・丹羽基二（日本家系図学会会長）
第十五回　11月7日「木と共に生きる　木曾漆器・奈良井の町並」講師・百瀬　康

（長野県楢川村前村長）
第十六回　11月21日「染織　布の楽しさと味わい」講師・萩原　薫（文化出版局・「銀花」元編集長）
第十七回　12月5日「六古窯の雄　備前焼のすべて」講師・米田　薫（協同組合岡山県備前焼陶友会）
第十八回　12月12日「しきたり、しつらえ　日本の伝統料理」講師・栗山善四郎（割烹家・八百善十代目）

２００３年――
第十九回　1月9日「ご存じですか　五節句の祝い」講師・大島一敏（東玉・人形の博物館館長）
第二十回　1月23日「工芸品クリニックで知る　先人の知恵」講師・柴田康時（漆・陶器カウンセラー）一柳英雄（着物アドバイザー）
第二十一回　2月6日「細工は流々　江戸指物」講師・戸田敏夫（江戸指物師）
第二十二回　2月20日「日本の粋　印伝の美」講師・出澤忠利㈱印伝屋上原勇七・

取締役総務部長）
第二十三回　3月6日「女の技　かすりの話」講師・福井貞子（染織家）
第二十四回　3月20日「守りたい日本の文化　国の役割　消費者の役割」講師・保戸田晴一（通商産業省前伝統的工芸品産業室室長）
第二十五回　4月3日「おもしろクイズで知る　日本の伝統工芸品」講師・兼崎俊一（伝統的工芸品産業振興協会元専務理事）
第二十六回　4月17日「くらしに役立つ　和紙遊び」講師・小林一夫（おりがみ会館館長）
第二十七回　5月8日「心地よいくらしに　伝統的な生活道具を」講師・高森寛子（生活工芸品コーディネーター）
第二十八回　5月22日「酒の楽しみ　和服の楽しさ」講師・佐々木久子（随筆家）
第二十九回　6月5日「藍染め生かす　暮らしの工夫」講師・小山織（スタイリスト）
第三十回　6月19日「輝く暮らしに　銀食器」講師・上田耕造（東京金銀器工業協同組合理事長）

第三十一回　7月3日「日本の陶磁器ものがたり」講師・梅村晴峰（日本伝統工芸士会会長）
第三十二回　7月17日「染和紙の魅力　多彩な美しさ」講師・浅野昌平（㈱わがみ堂社長）
第三十三回　8月7日「漆の技法　塗りの種類」講師・桐本泰一（輪島朴木地工芸・桐本木工所）
第三十四回　8月21日「祭りと伝統工芸」講師・天野忠良（㈹全日本郷土芸能協会）
第三十五回　9月4日「江戸の粋　東京染小紋」講師・三橋隆・田島輝久（東京都染色工業協同組合）
第三十六回　9月18日「日本の季節　和菓子と器」講師・水上　力（お菓子調進所一幸庵店主）
第三十七回　10月2日「落語に見る　道具との付き合い方」講師・橘家　二三蔵（落語家）
第三十八回　10月16日「きものの魅力　ひもと結びの呪術」講師・一柳英雄（着物アドバイザー）

第三十九回　11月6日「時代で変わる　江戸の伝統料理」講師・栗山善四郎（割烹家・八百善十代目）
第四十回　11月20日「柔らかさと和み　和紙とあかり」講師・新井悦美（創作和紙『流泉紙』漉師）
第四十一回　12月4日「モダンとシック　江戸からかみ」講師・小泉　哲（江戸からかみ協同組合理事長）
第四十二回　12月11日「幾何学模様の秘密　華麗な箱根寄木細工」講師・本間　昇（箱根寄木細工・伝統工芸士）
２００４年――
第四十三回　1月8日「切り味鋭く　包丁よもやまばなし」講師・石田克由（㈱木屋）
第四十四回　1月22日「手入れ上手は　暮らし上手」講師・柴田康時（漆・陶磁器アドバイザー）
第四十五回　2月19日「祈りから遊びへ　日本人形の文化史」講師・小林すみ江

（吉徳資料室室長）
第四十六回　3月4日「女の職人　ものがたり」講師・伴和子（博多織・女性伝統工芸士会会長）
第四十七回　3月18日「遊びとアート　手ぬぐいの歴史」講師・川上桂司（ふじ屋てぬぐい店会長）（以上は月に2回開催）
第四十八回　5月「きらり光る〝伝統の技〟若手女職人5人衆」講師・上田礼子（東京銀器）榛原朝子（東京手描友禅）牧野浩子（津軽塗）宮越仁美（加賀繡）小島啓子（波佐見焼）（以下は月1回に）
第四十九回　6月「和の未来　装いと食文化」講師・佐々木久子（随筆家）
第五十回　7月「漆の未来　技法の多様性」講師・桐本泰一（輪島朴木地工芸・桐本木工所）
第五十一回　9月「秋の風情を楽しむ　竹細工」講師・黒田英一（静岡竹工芸協同組合理事長）
第五十二回　10月「寄席を楽しむ　橘家二三蔵の会」場所・池袋演芸場
第五十三回　11月「和を生かす暮らし」講師・木村　孝（染織家・随筆家）

2005年――
第五十四回　1月　「大江戸日本橋　老舗巡り」　場所・日本橋「鮒佐」「山本海苔」「有便堂」など
第五十五回　2月　「暮らしに生きる　折り形」　講師・長田なお（華折の会主宰）
第五十六回　3月　「輝ける着物の美」　講師・五代目田畑喜八（友禅作家）
第五十七回　4月　「包む・結ぶを自在に　ユニバーサルなふろしき術」　講師・小高法子（東京ふろしき振興会）
第五十八回　5月　「あなたの色を探す　人生のアクセントに」　講師・原野光子（組みひも作家・ライフカラーアドバイザー）
第五十九回　6月　「聞いて得する　今昔きものばなし」　講師・一柳英雄（きものアドバイザー）
第六十回　9月　「季節の演出　むきものの技」　講師・川口正信（KKRホテル日本料理・料理長　華刀流若駒会会長）
第六十一回　10月　「大江戸・小さな旅　すみだ再発見」　場所・墨田区の小さな博物

館など
第六十二回　11月「東北の手仕事に携わって」講師・田中陽子（暮らしのクラフト・ゆずりは　代表）

2006年――
第六十三回　1月「日本橋老舗巡り」場所・「鶴屋吉信」「さるや」「竺仙」「塔茶」など
第六十四回　2月「知っておきたい　簡単な帯結び」講師・湯田千代子（日本きもの指導者協会・本部講師）
第六十五回　3月「日本酒を100倍楽しむ法」講師・梁井宏（福光屋常務取締役）
第六十六回　4月「漬物あれこれ」講師・本郷信郎（地酒の杜センター代表）
第六十七回　5月「知っておきたい　簡単な帯結び・パート2」講師・湯田千代子（日本きもの指導者協会・本部講師）
第六十八回　6月「江戸のおんなと伝統産業」講師・柴桂子（女性史研究家）
第六十九回　7月「作り手からのメッセージ」講師・若手女性職人のみなさん

第七十回　9月「もっとおいしく　もっと知りたい　日本茶ワールド」　講師・山崎英利（掛川市・㈱山英社長）　水野淳（日本茶インストラクター）
第七十一回　10月「着物を着るコツは骨なり」　講師・笹島寿美（着装コーディネーター）
第七十二回　11月「神楽坂　探訪」　場所・神楽坂かいわい　NPOまちづくり倶楽部

2007年――
第七十三回　1月「初場所・大相撲見物」　場所・両国国技館
第七十四回　2月「土なべでおいしく」　講師・小西雅子（東京ガス・都市生活研究所）
第七十五回　3月「大人のおしゃれ　べっ甲の楽しみ方」　講師・横尾元子（宝飾デザイナー）
第七十六回　4月「和菓子の世界」　講師・中山圭子（虎屋文庫）
第七十七回　5月「浅草探訪」　場所・浅草・台東区観光ボランティア
第七十八回　6月「知っておきたい　簡単な帯結びパート3」　講師・湯田千代子（日本きもの指導者協会・本部講師）

第七十九回　7月「若手女性職人の世界」　講師・若手女性職人たち

第八十回　9月「わたしが主役のきもの術」　講師・林佳恵（装丁家・グラフィックデザイナー）

第八十一回　10月「新しいふろしきテクニック」　講師・小高法子（東京ふろしき振興会）

第八十二回　11月「もっと知りたい　本場大島紬」　講師・岸田聡司（㈱岸文大島代表取締役）

第八十三回　12月「わが家のお宝　再点検」　講師・着物アドバイザー、リフォームデザイナーその他

2008年――

第八十四回　1月「文字の魅力を知る」　講師・林拓鶯（書道家）

第八十五回　2月「新しい発見　おいしい味噌」　講師・藤波博子（社団法人中央味噌研究所理事）

第八十六回　3月「東京ミッドタウン探訪」　場所・六本木ミッドタウン

第八十七回　7月　「若手女性職人の世界」　講師・若手女性職人たち
第八十八回　9月　「紋切り遊びを楽しむ」　講師・下中菜穂（造形作家）
第八十九回　10月　「中国茶を楽しむ」　講師・日本中国茶普及協会
第九十回　11月　「秋田杉の魅力～桶・樽を賢く使いこなす法」　講師・高橋五郎（秋田県伝統的工芸品振興協議会事務局）
第九十一回　12月　「わが家のお宝　再点検パート2」　講師・着物アドバイザー、漆器アドバイザー、その他

２００９年――

第九十二回　1月　「香りある上質な暮らし　～源氏物語より1千年の知恵～」　講師・稲坂良弘（「香十」代表・劇作家）
第九十三回　2月　「おひとりさまの心得」　講師・松原惇子（ノンフィクションライター）
第九十四回　3月　「人形町探訪」　講師・川崎晴喜（日本橋めぐりの会代表）

会長でした。秋田県出身で、かつて東京の酒造メーカーに勤めていて、その後日本酒の古酒の普及活動をしていました。長い付き合いで、よく事務所を訪ねては、いろいろな古酒を味わわせてもらいました。また本郷さんの作る塩辛や甘酒は絶品でした。

その縁で、「古酒の会」を春・秋、年に2回やり始めたのです。毎回、テーマを決めておいしく飲みました。二〇〇八年の第一四回で閉じましたが、それから間もなくして本郷さんは亡くなりました。

さあ、出てきませんか！「古酒の会」（於・東京・竹橋・KKRホテル東京）

日本酒を3年以上寝かせた古酒（長期熟成酒）。麹菌の働きで体内でのアルコール分解を速やかにするため、悪酔いもせず健康にもよい長寿の酒と言われている。その古酒を味わいながら、日本の食文化を楽しむ会。

2002年——

第一回　1月「新年会を楽しもう」

第二回　7月　「〝江戸の暑気払い〟で夏バテ予防」　趣向をこらした古酒と麹菌を生かした特製の甘酒で江戸の暑気払いを

2003年——
第三回　1月　「遅ればせの小正月　漬物を添えて」　古酒の他に日本各地の漬物を提供
第四回　7月　「つまみにチーズを」　輸入元より白カビ、青カビ、ウォッシュタイプのチーズを提供

2004年——
第五回　1月　「平成版〝豆腐十珍〟を添えて」　江戸時代の「豆腐百珍」の本に対抗して、現代版十珍を紹介
第六回　10月　「キノコ類を楽しむ」　秋だから、さまざまなキノコ料理を提供

2005年——
第七回　4月　「春の芽吹き　山の幸を味わう」　山ウド、タラノメ、アイコ、シトケ、

ヒロコなど旬の山菜を楽しむ
第八回　11月「酒のつまみに、各地の伝統漬物」　山形の「おみづけ」、秋田の「いぶりがっこ」、手作り「しその実漬け」など

2006年――
第九回　6月「目に青葉山 ほととぎす 初がつお」　ビタミンBがたっぷり含まれるかつおをたっぷり味わう
第十回　11月「菊、キク、麹を楽しむ」　菊酒の季節。観てよし、食べてよし、飲んでよし、菊を肴に秋の宵。

2007年――
第十一回　5月「麹文化を再発見」　酒、味噌、しょうゆ、漬物など発酵文化が日本の食生活。それらをつまみに
第十二回　11月「それがミソです」　味噌のうんちくを聞きながら、みそを肴に

2008年——
第十三回　5月「新茶と酒、おいしい水が決め手」酒もお茶もどちらも水が味を左右。水の本当のおいしさを知る。
第十四回　11月「江戸前のつまみで」江戸前と言えば佃煮。これを肴に古酒を楽しむ。

——すいません。少し錯綜してきましたので、少し手仕事のラインで整理させて下さい。

関根さんは一九八九年に社長に就任して以来、ご自分がされてきた家庭面の配信の仕事の反省から、かつての手仕事の意味と女性の生き方に注視していくようになる。

それは一九九七年からの『ドゥアイ』の女性職人取材を発端とし、二〇〇〇年の「くらしの羅針盤会議」へと結びつき、その一方で〇二年の「伝産講座」や「古酒の会」へと展開されていったと見ていいんでしょうか。

第Ⅴ部

45 『伝統工芸を継ぐ女たち』と『伝統工芸を継ぐ男たち』

関根　そうです。でもその後、二〇〇九年から一二年にかけて、NHK出版の『おしゃれ工房』に連載を持ちました。それは『ドゥアイ』で取材し、その後しっかりとした手技を身につけた人たちが出てきたので、以前取材した彼女たちにもう一度取材したものです。

――それが學藝書林から二〇一三年に『伝統工芸を継ぐ女たち』としてまとめられるわけですね。

関根　そうです。これにはまた後日譚があって、學藝書林は倒産してしまったの。

――私が聞いている學藝書林は一九六〇年後半に画期的な『全集・現代文学の発見』全十六巻別巻一冊を出版したことで知られていますし、八〇年代以後、何度か倒産に近いかたちで経営者が変わったはずで、またしてもその繰り返しということなのかな。どんな事情があれ、出版社の倒産は身につまされます。でもそれがあって二〇一七年に論創社から「女たち」に続いて『伝統工芸を継ぐ男たち』が出ることになった。この本のことも

『伝統工芸を継ぐ女たち』と『伝統工芸を継ぐ男たち』

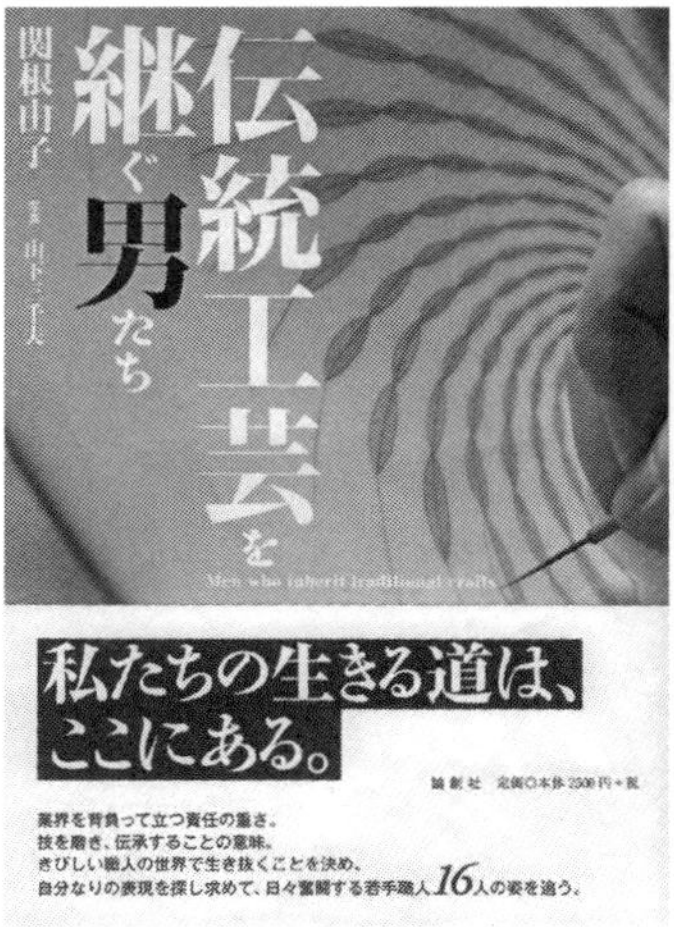

聞かせて下さい。いうまでもなく、『伝統工芸を継ぐ女たち』と対になる本ですから。前に『ドゥアイ』の取材で色んなところにいったりしたとのことですが、やはりこの一冊もそのようなプロセスで生まれたのですか。

関根　そうではありません。私が取材してから女性の職人たちの活躍は目覚ましいものがあります。輝いている女性たちに比べて、若い男の職人たちの姿が見えてこない。そこで、若手の男の職人たちは何をしているのだ、どこにいるのだというのが最初の疑問でした。

そこで伝統的工芸品を展示・即売している伝統工芸青山スクエアで「ザ・職人展」を企画して若手男性職人たちに、展示を呼びかけたのです。すると何人か、生きのいい若者が出てきたのです。播州三木内刃物の鉋《かんな》鍛冶、森田直樹さんは取材してみたいと思わせる職人でした。そこでまず最初に訪ねました。親方にも会い、仕事場も見せてもらいました。

そこからスタートし、二年間で一六人を取材し、まとめました。これで一区切りつきましたね。

46 「伝統的工芸品」の定義

関根 伝統工芸に関しては私も最初に注をつけておいたように、「伝統的工芸品」とは、次のような五つのコンセプトによって成立しています。

＊「日常的に使われるもの」
＊「作り方が手工業的であること」
＊「一〇〇年以上の伝統的な技術、技法によること」
＊「原材料も伝統的に使われてきたもの」
＊「一定の地域で産地を形成している」

この前提に従って、経済産業省より二〇一七年一一月末現在、全国二三〇品目が指定され、青山にある伝統工芸青山スクエアはこれらの「伝統的工芸品」を紹介、販売しています。

—— この「伝統的工芸品」の中に「出版編集」も加えたくなります。ご存知でしょうが、出版は危機に陥っていまして、編集技術も継続して受け継がれず、どこかで消えてしまうかもしれない。

関根 それは「伝統的工芸品」を送り出す伝統産業のほうも同様で、一九八三年のピーク時には五千億円で従業者も三〇万人だったのが、二〇一四年には一千億円、従業者六万七千人と、いずれも五分の一になってしまっている。やはりあなたのいわれた八〇年代以降の安くて便利で早い社会の到来が「伝統的工芸品」の世界にも大きな影響をもたらしたということなのでしょうね。

—— 出版業界のほうは打つ手がないという袋小路に追いやられ、アマゾンの一人勝ちという状況なんですが、「伝統的工芸品」のほうはどうなんでしょうか。

関根 ネットへの期待と可能性でしょうね。ＳＮＳなどによる「伝統的工芸品」の存在と情報の拡がりを通じて、特質、技術と技巧、産地、それから何よりも「伝統的工芸品」のどれもがオリジナルな手仕事によるものだという認識が伝わっていけば、値段の問題もクリアーできるのではないか。ネット社会でもオリジナル商品であれば、多少高くても受け入れられると思いますので。もちろん、これから「伝統的工芸品」の行方と展開は未知数で、断言はできませんが。

47 「買うものになった家の変わり方」

――そうでしょうね。でも現在の社会は生活の安さと便利さと早さの中で育った世代が中心ですし、この世代はそのままネット社会に生きているわけですから、後者に期待するしかないことも、紛れもない事実です。

例えば、家なんかも一種の「伝統的工芸品」と見なすこともできるし、先ほどの条件をすでに満たしている。究極の総合「伝統的工芸品」と呼んでいいのかもしれない。

でも知り合いの大工さんがいってましたが、大工も施主も愛情をこめて家を建てる時代は一九六〇年代で終わってしまったと。またそれゆえに七〇年代以後の家は保存できないし、その意味もないと。彼なんかが見ると、木に対する大工の愛情が家に投影されていないとわかるようです。それとパラレルに家は建てるものではなく、買うものになっていく。

関根　それはいえるかもしれない。確かに家が「伝統的工芸品」の集大成というのはいいえて妙ですね。私の二冊の「伝統的工芸品」に関する本にしても、そういう家のイメージを抜きにしては語れませんからね。

それから買うものになった家の変わり方もすごい。一九六〇年代後半かしら、ツーバイフォー建築が目立ち始めた。あれは全部組み立て、はめつけだから、建具屋が不要になってしまった。左官もそうでしょう。壁もすべてクロス張りだし、窓もサッシとなり、冷暖房も備わるために、家の気密度も高まり、家と生活の知恵も忘れられていく。

六〇年代の初めには大工さんがいたけれど、今は日本の大工さんもいなくなってしまった。

——木造の大工として残っているのは宮大工といわれる人たちだけでしょう。彼らは墨つけもできるし、鉋も使える。彼らにいわせると、その他は大工ではなく、大八、七、六とされ、技術的には下がっていくばかりだといいます。

関根　そう、さすがにプロはうまいことをいうわね。普通の日本家屋を建てられる人を大工というんで、今の家は大工が建てているわけじゃない。

ここら辺の建築を見ていても、木を工場でプレカットして組み立てるだけのものになってしまった。

――　でもそこで重要なのはそうした建築状況を大工も含めて職人たちが望んだとか、めざしたかということではないんですね。むしろ一度その仕事を引き受けると、プラモデルの組み立てのようなものだから、腕が落ちてしまうことを自覚しているからです。ただそういう建築状況に追いやられれば、食うためにも引き受けざるをえない。これは大工が始めた建築方法ではなく、ゼネコンやハウスメーカーによって主導されたもので、様々な建築に従事する職人集団もその傘下に入り、その仕事に携わることになる。

関根　なるほどね。つまり建築の場面においても、あなたのいうところの安くて便利で早いシステムが導入されたことによって、大工を始めとする職人の人たちも、それに従わざるをえなかった。しかし私なども記事の配信で、そうした進化の側に立っていたのだから、人のことはいえませんが。

――　でももっと問題なのは家自体の耐用年数が短くなっていることです。長期のローンが終った頃にまた建てなければならない。それは地方のニュータウンの光景を見ればわかる。昔の家でしたら百年ぐらいもったでしょうが、今ではそうではない。だから本当に安いかどうかもわからないし、むしろ耐用年数のことを考えれば、高いといっていいでしょう。

それはひょっとすると、家だけでなく、現在のすべてに及んでいるのかもしれない。こんなことをいうと怒られるかもしれませんが、かつては「安物買いの銭失い」ということわざがありました。でも今ではそれが現実のようになり、もはや死語と化してしまった。

48 「伝統的工芸品」の技術継承問題

関根 その耐用年数から判断すれば、「伝統的工芸品」はオリジナル手仕事ゆえに高くなってしまうけれど、決して高いものではないし、使い捨ての安い商品と比べてはならないということになりますね。

そのことを技術継承の問題に絡んで、考えさせられたことがありました。先ほど話した『伝統工芸を継ぐ男たち』に出てくる最初の鉋鍛冶《かんな》屋さんの話です。彼の鉋はすごくいいと評判も広まり、それで大工から注文が入った。そこで送ったところ、これは使えないと苦情が返ってきた。どういうふうに使っていますかと聞いたところ、まったく鉋技術を身につけていないことがわかった。

そのことを知り、もはや大工といえども、使い方がわからなくなってしまったんだと認識した。それで丁寧に使い方を説明したら、ようやく納得してくれたということで、鉋鍛冶が置かれている怖い状況の一端を知ったといってました。

――それは一事が万事だということも物語っているような気がします。でも先ほど関根さんが人のことはいえないとおっしゃられましたが、私も出版業界のことを考えても、技術継承はどこかで切断され、同様なことが起きているし、他業界のことを笑えません。

このインタビューの参考資料にと、原田紀子『西岡常一と語る木の家は三百年』（朝日文庫）を読みました。これは原田さんという伝統技術などの聞き書きを主とするインタビュアーによる宮大工西岡の語りが中心になっていますが、関根さんの二冊と同じイメージが伝わってきます。この西岡は法隆寺などの寺大工で、寺を通じての伝統工芸の伝承が当たり前のように伝えられている。

そこで問題なのは他の職人たちは技術伝承のベースをどこに求めるべきかということに

なりますが。

関根　最初にこれをはっきりいっておけばよかったのですが、私が取材しているのは「伝統工芸」ではなく、「伝統的工芸品」なのです。所謂「伝統工芸」は一人作家の部分が多いのですよ。ところが「伝統的工芸品」というのは産地を形成し、そこで職人として働いている人たちが作り出したものですから、そこら辺は歴然と違うわけです。一人作家で、アートが絡むと「伝統工芸」はとんでもなく高くなってしまい、「伝統的工芸品」とは世界を異にしてしまう。

49　アーティストとアルチザンの違い

――アーティストとアルチザンは違いますからね。

関根　私は一貫してアルチザン＝職人側に立っている。やはり食べていくのがなかなか難しい。それは先ほどのデータに示されているとおりです。それでも産地で、例えば下請け仕事や数物仕事を引き受けることで、何とかやっている。その他にも自分の作品をつくることによって、いろいろな関係や取引先を開拓したりしている職人もいます。

でも基本的にはアートではなく、実用品、日用品を送りだす職人や産地が私の取材範囲なのです。あえて職人と称していても、芸大を出てユニークなものを生み出している人たちもいますが、そういうところには取材していないの。むしろ、「伝統的工芸品」に限定し、国から指定されている職種、つまり全国二三〇品目の職人にしぼっている。

――といって民芸というコンセプトでもない。

関根　民芸は民芸としてあるので、それはちょっと違う。もちろん重なるところはありますが、要するに実用品、日用品で、百年以上にわたって、産地と技法と材料が続き、手仕事でやっているというところに特質がある。

――秋になると、地域の職人たちが選ばれ、勲章をもらっている。

関根　例えば、二〇年以上働き、地域の賞も受け、産地の発展に寄与したとなると叙勲される。職人たちは感動しています。

――それはそうでしょうね。職人たちの気持もわかります。中央から産地と職人に対するご褒美としての勲章ですから、喜ばないはずがありません。

関根　これで長年苦労をかけた妻に報いられるし、皇居に同伴してその栄光を分かち合うみたいなハレの場となる。それは職人の世界のブランドかもしれませんね。

――そうか、宮大工の技術継承は寺や神社の存在によって受け継がれていくが、一般の様々な職人から産地の職人に至るまで、それらの技術継承は秋の勲章によって支えれらることになるのかもしれませんね。

関根 それは否定できないでしょうね。

――そういえば、私が自宅を改修する際に、宮大工のことを思い出したのは同じグループに属する大工が秋の勲章を受けたことによっている。設計事務所から大工の心当たりはといわれ、そのことを思い出し、そこに連絡したことから始まっています。すると棟梁がやってきて、半年ばかりつき合った。

棟梁という言葉はもはや死語に近いけれど、彼は技術と人間の器からして、棟梁と呼ばれるにふさわしく、現場監督や設計監理の人たちは別にいるのだけれども、彼ら以上に現場の職人たちから立てられていた。これは自分の現場だからといって、全部に目を配り、他の人たちが仕事を終えるまで帰らないし、遅れている仕事は手伝うし、とにかく家の建設のすべてに通じているわけです。本当に感心しました。

50　難しい親方の立場と雑貨ブーム

関根　やはり棟梁や親方に対する職人の畏敬の念がゼネコンの監督などと違うのでしょうね。私は大工さんは取材していないので、棟梁はわかりませんが、親方はどの職種にもいるのでわかる気がする。でもその親方の立場も難しいところに置かれているんじゃないかな。

最近は売れるものはデザイン性によるもので、若い職人が親方の技術を受け継ぐのではなく、デザイナーと組んでつくったほうが評判がいいという時代になっている。だから女の職人たちのほうが売れる。彼女たちは自分が使いたいアクセサリーやインテリアをつくるし、それも小物が多い。それらが相乗して売れていく。

それから生活様式の変化、それこそ家で、今の都会の若い人たちの生活はマンションが主流で、その生活に合わせなければならない。ところが地方の男の職人はそれがわかっていないし、竹細工でも大きなものをつくってしまう。田舎の広い家ならば、置くところがあるかもしれないけれど、マンションでは無理です。だからマンションに簡単に置けて、ちょっとこじゃれていれば、そのほうが売れるわけですよ。いいか悪いかわからないけれど、少なくともそういうセンスがないと、今は売れない。これがある意味では時代を象徴しているのでしょうね。

――今は雑貨ブームといわれていますが、そうした時代風潮とリンクしているわけですか。書店が出版物が売れないので、雑貨売場を併設することも盛んになっていますが。

関根　そう、雑貨というよりも、小物といっていいんじゃないかしら。小物商品はブームだし、「伝統的工芸品」にしてもそうです。ひとり暮らしの女が増えて、結婚もなかなかしないで、せいぜい二部屋ぐらいのところに住んでいる。でもこぎれいにしたいし、ちょっとかわいいもので生活を満たしたい。スマホにつけるアクセサリーなんてものがものすごく売られている。ちまちまとしているものが売れている。

――それは言葉を代えれば、安くて便利で早いものになってしまう。でもよくいえば、それは消費者目線、女性目線ということになる。

関根　だから究極の使い捨て文化の時代なのかもしれない。

51　家庭通信社を閉じること

――時間も少なくなってきましたので、先に進めます。

関根さんは二〇一七年末で家庭通信社を閉じました。そうすると、これまで線として営んできたひとつのジャーナリズムが途切れてしまうことになる。それは関根さんの人生もで、百も承知のことでしょう。それにこれまでも、一九七〇年から八〇年代に起きた何らかの切断をテーマにして話をしてきたわけですから。

関根　よくいうじゃないですか、一人が死ぬと図書館一個分の知識が死んでしまうと。そういえばそうですよね。私がいなくなったら、私が家庭通信社をコアとして蓄積した知識もなくなると思ってしまう。まだ死ぬわけではないけれど、年を経るに従って、徐々に図書館一個分の知識が消えていく。

――それはいた仕方ないことで、人によっても二個分ということもあり、「伝統的工芸品」のように私たちの世代の知識も時代遅れのものとして消えていくかもしれない。

関根　そうね、二個分の人もいるでしょうから、そうした経験や知識をどうやって伝えたらいいのかなと思います。でもそれは子どもがいても伝えきれないでしょう。

―― それは無理だし、育ってきた時代と生活因子が違うので、はっきりいって期待できない。

関根 だからそれぞれにしょうがないという感じがつきまとっているわけですけど。

―― このインタビューの目的は関根さんの職跡の一端を記録することにあります。ただその個人史が社会的な記録として有効に使われるかどうかはまったくの未知数ですが。でもどうなんでしょうか。会社を閉じることを決められた心境というのは。

関根 ひとつには仕事を含めてこういう社会から解放されたい気持があった。でも仕事に関してだけいうと、やれることはやってきたので悔いはないし、面白かったと思う。

―― そうでしょうね。でもこれからはそうはできない。

52 新聞の衰退と女性フリージャーナリズムの不成立

関根 できない。自分でもできないと思っているし、同じことを繰り返すつもりもない。

それと新聞の衰退もある。ジャーナリズムとしての新聞の行方と配信の意味ですね。本来であれば、私のところのような女性による新聞記事配信社、もしくは女性フリージャーナリズムが増えてもよかったはずなのに、その気配もほとんど感じられない。テレビの女子アナはもてはやされるけれど、どうして女性ジャーナリストは成立しないのかと思う。それに家庭欄の配信記事は共同通信と時事通信のものが多くなってしまった。

―― それはどういう事情からきているのですか。

関根 共同通信に関しては地方新聞社が会員で会費や負担金を出しているので、使わないともったいないと思っているのでしょう。紙面スペースが限られているし、共同の記事だけでいっぱいになるので、使い切れないという理由で断わってくるところも出てきた。

―― それでは最大で三八社を数えた家庭通信社の配信先の新聞社数も少なくなっているということですか。

関根 そうです。中には潰れた新聞社もありますが、二〇一七年末の契約地方新聞社は九社になってしまった。

―― やはりそれは新聞の衰退の問題、各社の家庭通信社との関係もあるのですか。またそれぞれの家庭面の担当者との付き合いも影響しているのですか。

関根　前にもいいましたが、担当者とはあまり付きあっていない。新聞社の場合、東京支社の担当者はしょっちゅう変わるので、挨拶にはいきますが、あまり親しくなることはなかった。

個別に親しくなると、こういう記事系統がほしいとかいってくる。家庭通信社の場合、それに対して個別に聞いていていられない。他社のこともあるし、配信記事はこちらで決めているし、適当な距離を保つことを原則にしていましたから。

だから、私としてはフリーハンドで自由にやってこれたという気はするし、それでいて定期的に収入が保証されていた。これは得難いメリットであり、いい仕事でしたね。

――新聞もネット対応に苦慮していますが、家庭通信社としてはどうだったんですか。

関根　それはどこでも起きているように、私のところでも、ネットで情報を集め、それで記事を書いていた女の子がいた。人に会わないで、話を聞かないで記事を書くのは、その裏付けが取れていないし、信憑性が問われるので、絶対にやってはいけないことで、辞めてもらった。でもジャーナリズムではそういうことが日常茶飯事に起きている。

――まさにそうですね。数年前に亡くなったある新書の編集長から次のような話を聞いたことがあります。新書の書き下ろしを頼む場合、まず会って依頼し、その間も進行を確認しながら話し合ったり、飲んだりして完成に至る。ところが次第にそういった編集者と著者のプロセスがなくなり、いきなりできましたといって、メールが送られてくる。そうするとプロセスを把握していないし、関根さんがいわれたように内容の裏付けと信憑性の問題が浮かび上がる。ネットからのパクリが入っていても見逃してしまう。

関根　新書の場合、一ページでも同じであれば駄目ですものね。新聞の場合は読者の数が違うから、バレてしまうことは必至です。本当にネット社会というのは怖いし、若い人たちがそれを自覚していないことがもっと恐い。

——そのとおりです。ところがついでにお聞きしますが、ご自身の失敗談などは。

関根　失敗か、確かにありますけど、そういうことはすぐ忘れちゃうの。だからいいことしか覚えていないわ。

——それはいい性格ですね。だからこれまでやってこれたのですね。

関根　そうね。それに記者とは写真も含めてメールのやり取りで済んでしまうし、本当に楽になりました。

――でもそれも……。

関根　最終が二〇一七年の十二月四週で、ようやく最後の配信が終わりました。それからいろいろと整理し、三月の年度末に会社も閉じる。

――私などはじたばたするばかりで、なかなかふんぎりがつかない。見事なものだと思いますよ。

このインタビューには関根さんが配信した記事のアンソロジーを収録することになっていますから、資料の整理もしなければいけないし。

関根　いろんな人がそれを勧めてくれるし、自分の生きた時代の記録にもなるし、資料を片づける意味でも、アンソロジーを編み、収録することはひとつの区切りにもなるので。

――そうすれば、結果として否応なく関根さんとその時代が投影されてくる。

53　「高齢社会をひとりで生きていく」

――こんなことをいうと失礼ですが、どの時期から関根さんが結婚しないで一人で生きていこうと決意したかも思い出されてくるでしょう。

関根　これは繰り返しになってしまうけれど、私が駆け出しの一九七〇年代には介護や高齢化の問題はまったく出てこなかった。

それが四〇歳を過ぎ、五〇代になると、そこら辺から親の高齢化と介護、それから自分の高齢化のイメージも現実的なものになっていった。

仕事が面白くて、結婚したいという気が起こらなかったので、子どももいない自分の老後の問題を考えざるをえなくなった。

――関根さんも家庭通信社とジャーナリズムから離れ、おひとりさまの老後という暮らしへと入っていく。

関根　私のように、本当に「おひとりさま」で老後を迎えることは多くの困難が待ちかまえている。例えば、病気になって入院する必要がある。ところが身元引受人があるかないかで、入院の可否が決まってしまう。これからひとり暮らしが増えていくのは明らかなのに、これは本当におかしいわけです。友達でもいいということにならなければ、現実的にひとり暮らしは入院もできない。

――それは聞きますね。家族がいるかいないかで病院の対応が違うと。

関根　私も一番ケ瀬康子先生の最期で身に沁みています。私もいろんな困難が待ちかまえていることを充分に承知しながら、高齢社会をひとりで生きていくことになります。

――そう、元気なうちはいいけれど、病気と死の場合、誰に託すのかという問題が現在の高齢化社会につきまとっている。

でもそれは関根さんだけの問題ではなく、戦後生まれの私たち全員に訪れてくる宿命のようなものであり、どのように生きてきたか、どのように老いと死を迎えるかにも反映されていくはずです。

時代的に関根さんと家庭通信社の果たした役割はものすごく大きかったし、そのアンソロジーを編む仕事が残されています。それはひとつの戦後史に他ならず、その延長線上にこのインタビューも成立し、さらに関根さんや私の高齢社会の生き方が浮かび上がってくるようにも思われます。

そろそろ時間も終わりに近づきましたので、ここで閉じさせて頂きます。

描きインタビューで長時間にわたり、お疲れと存じますが、ご海容下さい。関根さんにはまだこのインタビューに収録される家庭通信社配信のアンソロジー編集が待っていますので、そちらもよろしくお願いします。それも合わせて充実した一冊になることを願い、終わりと致します。

第Ⅵ部　家庭通信社配信「家庭ニュース」アンソロジー

――一九六五年四月～二〇一七年三月

第Ⅵ部は、家庭通信社配信「家庭ニュース」（一九六五年四月一週創刊号〜二〇一七年十二月三週終刊号）の五二年間の中から、次の年と月の配信記事を選び、その目次（一九八〇年以降の目次は(5)以下割愛）と内容の一部を掲載する。

一九六五年四月一週号〜四週号、一九七〇年五月一週号〜四週号、一九七五年六月一週号〜四週号、一九八〇年七月一週号〜四週号、一九八五年八月一週号〜四週号、一九八九年九月一週号〜四週号、一九九三年十月一週号〜四週号、一九九八年十一月一週号〜四週号、二〇〇三年十二月一週号〜四週号、二〇〇八年一月一週号〜四週号、二〇一三年二月一週号〜四週号、二〇一七年三月一週号〜四週号。

1965年4月1週号（A版）

⑴子をあまやかす　親の五つのタイプ
⑵短いスカートを　じょうずにはきこなす
⑶いい訳しなくてすむ　失敗した料理の更生法
⑷バスタオルで作る　幼児の寝間着ズボン
⑸落さぬ先の用心、持ちものに　スマートにネームを入れる
⑹百円でできるくずかご利用の　マガジンラック
⑺生け花　くつろぐ楽しさ
⑻モード　スソさばきの美しさ

⑴子供をあまやかす　親の五つのタイプ

中流以上の、何の不自由のない家庭から非行少年が出るケースが最近多くなっています。この原因を現代子供センターの高山英男さんは、「心理的飢餓状態」といっていますが、消費文化が高度に進んだアメリカでは、子供のほしがるものをむやみに買い与えることが、子供の精神面によい影響を与えず、非行化の原因になっていることが、問題になっています。

日本でも、中流以上の家庭に多い、子供のほしがるものを何でも買ってやる、つまり子供をあまやかしている親はわが子を「心理的飢餓状態」にさせている場合が多いのです。そんな親のタイプをあげてみましょう。

▽せめて子供だけは型

子供のころ何も親からしてもらえず、悲しい思いをした親に多いのがこのタイプ。自分の子供にだけはみじめな思いをさせたくないというので、ほしがるものを何でも買ってやってしま

子をあまやかす親が目だつデパートのおもちゃ売場

うのですがほしいものが簡単に手に入るクセがつくと、子供は自分の力で自分の世界を切り開いてゆく気持ちを持たなくなり、たよりない性格になってしまうのです。

▽競争心型

どちらかというと父親に多いタイプで、自分の子供を他の子供にまけさせまいとして、何んでも持たせようとするのです。ところが他の子供より物質面で豊かだといって安心している親は、とかく自己満足におちいり、大切な精神面の問題を軽視しがちです。

▽自信喪失型

これはかなり多くの親にいえることで、親の理解の範囲を越える行動が子供に出てくると、戦前、戦後の混乱の中で家庭のしつけに自信を失った親は、〝していけません〟ということを自信を持っていえなくなります。こういう親は無批判にものを買ってやりがちなのです。

▽ひけめ型

子供にすまないというひけめを常に持っている親です。特に働いている母親に多く、しょっちゅう忙しくて当然してやることをしてやれないのだから、せめて欲しいものは買い与えようとするのです。

▽ごまかし型

少ない例ですが、子供としっくりいかない親があります。このタイプの親は、子供に贈り物をすることで、気持ちをごまかしているのです。しかし、子供は親が自分を愛しているかどうか本能的に感じとるものですから、ほしがるものを買ってやるだけで、ごまかせるものではありません。

これらのタイプは親には、いずれも「心理的飢餓状態」から非行化へとつながる、子供の不幸を引き起こす危険があるのです。子供をあまやかすことに対して、親としてもっと反省してみる必要があるといえます。

1965年4月1週号（B版）

(1)安眠を誘う色彩効果　〝コンビナート寝具〟の登場
(2)ナイロンくつ下を　長持ちさせる七ヵ条
(3)バス旅行を　楽しくするゲーム
(4)金のかからぬ室内装飾　なんでも花器になります
(5)シミ、ソバカスをカバーする　春の化粧じょうず
(6)不意の来客にもあわてない　お料理救急箱
(7)モード　ランチ・スーツ

(1)安眠を誘う色彩効果　〝コンビナート寝具〟の登場

生活水準の向上に伴って、ここ数年来、寝具、カーテン、ベッドなどの需要が増加し、新しい製品がつぎつぎに売り出されています。ことしの春夏もののニューフェースとしては、ふとん、毛布、シーツ、カーテンなどの色や柄をそろえた〝コンビナート寝具〟が登場しました。

ベッド、カーテンの柄が統一された〝コンビナート寝具〟

寝具にとっては色彩も選択の大切な条件。安眠を左右する心理的作用があるといわれるからです。〝コンビナート寝具〟について調べてみました。

▽色と柄

いま各メーカーから売り出されているものはいずれも色調は明るく、ブルー、クリーム色、ピンク色の基本色のほか、色数は十二色ぐらいあります。シーツ、毛布、掛けぶとん、枕カバー、ベッドカバーからクッションまで同じ模様にしてあります。

材質は、それぞれの用途に合わせて、ウール、もめん、レーヨンが使ってあるので、同じ色や模様でも、少しずつ感じが違います。

無地ものは、各メーカーとも以前からある自社のカラーを、そのまま〝コンビナート寝具〟に取り入れていますので、全部新しく買い替えなくても、すでに持っている色に合わせて、同じメーカーのものを買いたせば〝コンビナート寝具〟になります。

▽寝室の色彩は計画的に

この着想について、メーカー側は「寝具といっしょに安眠を買ってもらうのだ」といっていますがこの〝コンビナート寝具〟について色彩の権威である千葉大学工学部の塚田敢教授はつぎのようにいっています。

同じ色や柄で統一すると、一つのまとまりから、安らぎを感じるので安眠できるのです。

しかし、寝室全部を統一するのではなく変化と統一のバランスがうまくとれていることが大切です。たとえば、寝具を同色でまとめたら、花びん、スタンドや置きものなどの小さいものに反対色を使って、アクセントをつけた方がよいでしょう。

寝具の色としては、暖色系を選びがちで、ピンク、ベージュ、えんじ色などが多いようですが、寝室は夜眠るほかに、朝、目をさます場所でもあるのです。ブルーや薄いグリーンなどの寒色系でまとめて、照明を赤味のあるものにすると、冷たさを感じないでさわやかなものになります。

1965年4月2週号（A版）

(1)〝わく〟はアクセサリーではない　めがねの正しいかけ方
(2)いくとおりにも使える　便利な壁掛け
(3)畳のへやに　洋風コーナーを作る
(4)レストランより定食屋　男性の好きな味を調べる
(5)プロ野球に　熱中する子供
(6)ケミカルレースの流行　この春のショール
(7)モード　シルクのワンピース

(1)〝わく〟はアクセサリーではない　めがねの正しいかけ方

めがねは眼科医に処方せんを書いてもらい、

めがね店で買うのが原則です。検眼室では患者として従順な人も、わくを選ぶ立場になるとたんに王様、デザインにばかり気をとられて、めがね屋のアドバイスにも耳を傾けない人が多いようです。「これではせっかく正しい処方でレンズを手に入れても、わくがいいかげんでは、正しいめがねとはいえない」と警告する眼科医の内藤慶兼先生に、正しいめがねのかけ方を教えてもらいました。

▽どう孔距離の合ったわく

度の合ったためがねをかけているのに、ものが斜めに見えるとか、疲れてしょうがないという人の場合、めがねがどう孔距離に合っていないことが多いようです。

どう孔距離とは、左右のひとみの中心を結ぶ線の長さ、レンズの中心とひとみの中心はぴったり合わねばならないのに、わくの選び方が正しくないと、これがずれてしまうことがあるのです。

たとえば顔幅が非常に広い人は全体のつり合いから幅の広い、大きなめがねを選ぶのが普通です。しかし、顔幅は広くても、目と目がくっついて、どう孔距離が短いという人もいるのです。その人が顔幅に合った大きなわくを買ったら、どう孔距離が合わないのは当然。またこの逆の場合もあるわけです。

この問題は左右だけでなく、上下も関係してくるので、ぴったり合わせるということは、実際にはむずかしいのですが、ずれはせいぜい十ミリ以内にとどめるべきといわれます。

それには、アクセサリーとしてだけでなく、レンズが正しい位置にくるようなわくを選ばなければならないのです。

▽選ぶポイント

①その人のどう孔距離からみれば大きすぎるわくも、ある程度までならレンズの内側をけずり、中心を内側に寄せてはめ込みます。しかしあまり大きすぎるとレンズとひとみの中心が十ミリ以上ずれて、せっかくめがねを作っても不正確なものになります。この点、めがね屋さんのアドバイスをきくことが大切。

レンズとどう孔距離に合わせる

②一般的に日本人は目とまゆが離れているので、上ブチも丸い型が、レンズの中心とひとみの中心が合わさりやすいのです。しかし丸形はオールドファッションとしてほとんどの人が敬遠。それならせめて上ブチが水平なものやまゆじりに向かってキュッと上っておらず、丸味を帯びたものを選んだ方が無難です。

▽扱い方

「度が合わなくなった」といってくる人の中には、扱い方が悪いためにわくが曲がって見にくくなっている場合が、意外に多いのです。

①かけたりはずしたりするときは、必ず両手でわくの両根元を持つこと。いつも片手だけでめがねの一方の端を持って、かけはずしするとそのうちに全体の形がゆがんでくるものです。

②つるをふく場合は、根元から先端に向かってかるく、しごきます。つるは根元がじょうぶ

で、先端が柔らかいので、これを逆にすると、つるが少しずつ曲がることがあるからです。

1965年4月2週号（B版）

(1)これだけはしておきたい　引っ越しの後始末
(2)オルゴールつきかぶとなど　ことしの五月人形
(3)女性の半分はかかる　更年期の障害
(4)必要な糸がすぐ出せる　あきカン利用の針箱
(5)気品と清潔感が大切　むずかしいそでなしの着こなし
(6)春のけだるさを忘れる　安くできる春のおすし
(7)生け花　明暗の対照　枯れた実ものとカーネーション
(8)モード　旅行用の組み合わせ服

(3)女性の半分はかかる　更年期の障害

世間を騒がせた東京の狂言強盗をデッチ上げたのは、四十二歳の主婦でした。分別もじゅうぶん備えているはずの年齢なのに、何が彼女をそんなとっぴな行動にかりたてたのか、「年齢からいって更年期障害の影響もあったのではないか」というのは東京警察病院産婦人科副医長、高山忠夫先生。そこで同先生に更年期障害についてうかがいました。

▽女性の半分はかかる

更年期障害は、のぼせ、目まい、心臓のドキドキ、耳鳴り、発汗、便秘などに悩まされる、ということはよく知られています。

女性なら必ず、なるというわけではありませんが、最近の調査によるとイギリスでは約八四%、日本でも五〇・六%と半分以上の人がかかるという結果がでています。

▽ホルモン変調が原因

二十代~四十代までの女性の体内では、個体維持のための副じん皮質ホルモンと種族保存のため卵巣から出るホルモンとがうまくつり合っています。ところが、四十を過ぎて種族保存ホルモンが不要になると、その分泌がだんだん少なくなり、つり合いがくずれます。このホルモンの変調が更年期障害の原因です。

またその変調が、ホルモン系統を支配する間脳に、逆に刺激を与えるので、やはり間脳から命令を受ける神経も影響を受けて、心身ともに不安定になってしまうのです。

ロンドンで、自殺とか水死などによる変死体の女性を調べたところ、その八〇%が生理日直前だったという統計があります。

更年期障害は、ホルモンのぐあいがふだんと違って、心身が不安定になっている点では、生理日前の状態と似ているといえましょう。さらに、「ああこうして老化の道をたどっているのか」という精神的な動揺も手伝って、理性が失われ、現状をひと思いに変えてしまいたいという衝動、すなわちとっぴな行動にかりたてられてしまうこともありがちなのです。

▽ひどいときは治療が必要

更年期は半年から二年くらい続くのが普通です。「もう年だから」とほうっておいても、時期がくれば落ちつきますが、ひどい場合はそれなりの治療が必要です。

治療法は男女混合ホルモンを服用したり、最近では間脳に作用する薬がよく使われます。しかしこれらの薬はしろうとがかってに使うのは危険です。必ず医者の診察を受けて医者の指示に従わなければなりません。

何より更年期障害は、その性質上、家庭がうまくいかなかったり欲求不満が重なるといっそう悪化するものです。このことを家族が注意し、みんなが協力するのが治療の第一歩といえましょう。

1965年4月3週号（A版）

(1)旅行シーズンを楽しむために　乗りものに強くなる法
(2)玄関の新聞にも注意を　一家総出の旅行で　家をあけるとき
(3)春風を楽しむ　ヘアースタイル
(4)〝柄が着る人を選ぶ〟　プリント地を着こなすポイント
(5)いつもあなたのそばに　持ち運びに便利な給仕盆
(6)遊び盛りの子に　ごはん入りむしパン
(7)生け花　南海のこだま
(8)モード　アンサンブルのドレス

(2)玄関の新聞にも注意を　一家総出の旅行で家をあけるとき

ゴールデンウィークには家族そろって二、三日の小旅行を計画中の家庭も多いことでしょう。出がけのせわしさで、つい取り散らかしたまま出発することがよくあります。しかし〝初めよければ終りよし〟のたとえどおり、楽しい旅はるす宅の始末をきちんとすることから始まります。そこで、二、三日家をあけるときの注意を、生活評論家戸川寿子さんにあげてもらいました。

①台所の始末をきちんと

冷蔵庫の中のいたみそうな食品は出発前日までにどんどん使ってしまい、締めたままにしておくので、目盛りを一、二下げておいた方がよいでしょう。

ゴミはよく水気を切りポリエチレンの袋に入れてから容器に入れておきます。こうするとお隣に頼んでも気持ちよく始末してもらえます。野菜くずは、そのままにしておくと帰宅したときいやなにおいがしますから、思い切って捨ててしまいます。

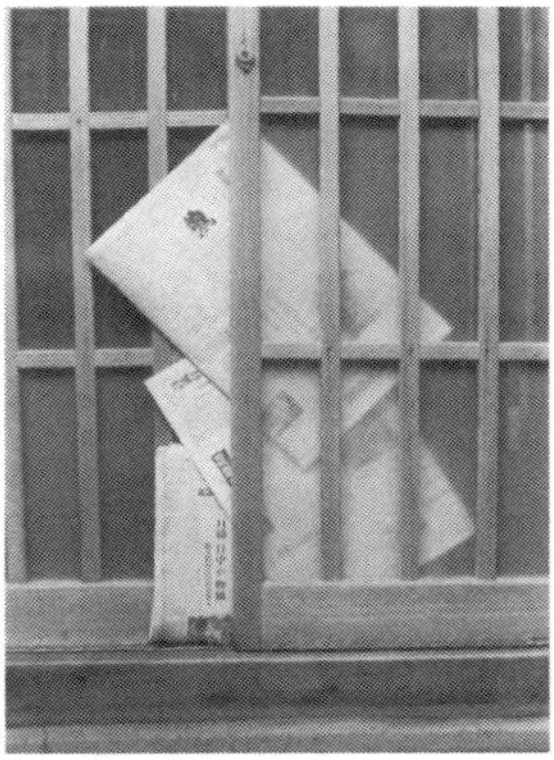

一家総出の旅行で留守であることが一目でわかる玄関の新聞

②集金日は前もって変更を

保険の集金は、保険会社に電話して、つごうの良い日を打ち合わせておきましょう。ガス、電気の集金も連絡して前もって払い込むか、隣に頼んでむだ足をさせないよう心がけましょう。

③ペット類は好きな人に頼む

犬、ネコ、小鳥は好きな人に預かってもらいます。

犬を、番犬として用心しておいておくときは、牛か豚の太い骨を与え水がなくならないように、簡単にひっくり返らない容器にたっぷり入れておきます。

小鳥はエサと菜っぱをつけて預かってもらう心遣いが必要。

④通帳と印鑑は別にして

預金通帳と印鑑は通帳の番号をメモしてから必ず別々のところへ保管します。あき巣ねらいはタンスや戸だなの中、ふとんの間を捜すそうです。しまうところに用心しましょう。

貴金属、書類は、預金のある銀行なら、窓口で頼むと預かってくれます。

⑤もう一度戸締りを点検

警視庁防犯課の話では、あき巣ねらいの被害の三四％は戸締まりのかけ忘れからだそうです。完全に戸締まりをすることで約三割の被害をなくせるわけです。最後にもう一度点検を忘れずに。

一見してあきらかにるすとわかるのは危険。配達された新聞が玄関に積まれているのもるすですと広告しているようなもの。お隣の家に預かってもらうよう頼んでおきましょう。

1965年4月3週号（B版）

(1)縦（親）と横（先生）の　率直な話し合いが大切―先生の家庭訪問―
(2)胸に春を飾る　カーネーションのコーサージ
(3)〝春を着る〟ジョーゼットのブラウス（裁断つき）
(4)感触とムードのおしゃれ　スパンレーヨンの流行
(5)青芽どきの憂うつ　その原因と解消法
(6)牛乳ぎらいの子の　マカロニーグラタン
(7)モード　レースのドレス

(1)縦（親）と横（先生）の　率直な話し合いが大切―先生の家庭訪問―

新学期が始まってしばらくすると、担任の先生の家庭訪問があります。「何日の何時ごろ伺います」という先生の連絡が子供を通してあったら、前もってどんな話し合いをしたらよいか考え、わずかない時間を有効に使いたいものです。東京教育大学附属小学校の高田典衛先生に先生の家庭訪問を迎える親の心得を教えてもらいました。

①長所をのばす話し合いを

小学校の子供に自分のことを書かせると欠点ばかりあげるそうですが、これはいつもおかあさんが子供の悪い点ばかり指摘していることを物語っています。先生と話すときも、悪いところはあっさりと、良いところはどんどん話してゆく態度が必要です。それが、先生とおかあさんが協力して子供の長所を伸ばすことになります。先生の帰ったあと、どんな話をしたのかと、おこられやしないかと心配している子供には、「おかあさんはあなたのことを良いと思って先生にお話したら、先生もほめていたわよ」といって、子供に自分の長所を認識させてやりましょう。欠点をとがめて注意ばかりするよりずっと効果があります。

▽縦と横の話し合い

先生は、クラス内での他の子供との比較で、子供を理解しています。一方おかあさんは小さいときから現在までどう変化したかをくわしく知っています。たとえば、算数五十点の子は、先生から見れば成績の悪い子かもしれませんがおかあさんには、前は四十点だったのが五十点に上がったことがわかります。家庭訪問のときはおかあさんの縦の糸と先生の横の糸を話し合いでからみ合わせてゆきたいものです。

▽率直に話し合う

こんなことをしゃべって子供に不利になるのではないかと心配するおかあさんがいます。しかし先生がある問題について特に話したいと希望している場合は、むやみに隠すのはやめ、その問題を先生はどう考えているか、家庭ではどうなるのか、率直に話した方がよいのです。逆に家庭で手におえない問題があったら、学校ではそれがどう反映されているか、先生に積極的に尋ねてみましょう。

家庭訪問は、先生と親とが打ちとけた話し合いで子供への理解を深めるのが目的ですから、もてなしはお茶とありあわせの菓子の程度でよいのです。率直な話し合いがなによりのもてなしなのです。

1965年4月4週号（A版）

(1)主婦にないのはおかしい〝現代こづかい論〃（戸川寿子）
(2)社員一年生のための　健康法のサラリーマン的分析
(3)いまが指導のチャンス　学用品を粗末にする子
(4)ウエストで若さを　ベルトの種類と流行
(5)春を楽しむ　花のコーサージ
(6)おかあさんの集まりに　中華風おはぎ
(7)モード　水玉の新しいくふう

(1)主婦にないのはおかしい〝現代こづかい論〃（戸川寿子）

物価が上がるにつれ、夫や子供からこづか

いの値上げ要求が出され、しぶい表情の主婦も多いことでしょう。一方、主婦もこづかいを、はっきりとるべきだという意見もあります。「こづかいはプライバシーの確立につながる」という生活評論家、戸川寿子さんの〝現代こづかい論〟を紹介しましょう。

▽あいまいな内容

「おかあちゃん、おこづかいちょうだい」「百円亭主じゃ、外で恥をかくことだってあるんだよ。僕のこづかいをもう少しあげてくれよ」など、夫も、子供たちも、こづかいを要求するのは、堂々たるものです。しかし、ひと口にこづかいといっても内容は、家庭によってずいぶん違っているようです。

サラリーマンのAさんのところでは、夫のこづかいの内容が、たばこ代、飲み代、パチンコ代、週刊誌や通勤の車内で読むスポーツ紙代、昼食代、理髪代の一部などにわたっています。Bさんのところでは、昼食代は食費に、理髪代は衛生費に、新聞、雑誌などは教養費にといって、後から精算するという方法をとっています。

子どものこづかいにしても、ノート、消しゴム、鉛筆などをこづかいでまかなわせている家庭もあるし、またそうでない家庭もあります。このようにこづかいという費目の内容が、案外にあいまいなものであることがわかります。

▽プライバシーの確立

しかしながら、こづかいとしていったん自分のふところに入れた金銭ならば、あるていど自分の思うままに使える、という気安さがあることは否定できません。

たとえば、子供がこづかいをどう使うかを観察してみても、どうしても買いたいものがあると、それが少し高価なものであれば、消しゴム一つでも大事に使って一生懸命にためようと努力します。

こづかいという費目を家計にたてることは、ある意味では、家族一人一人のプライバシーを確立することでもあります。

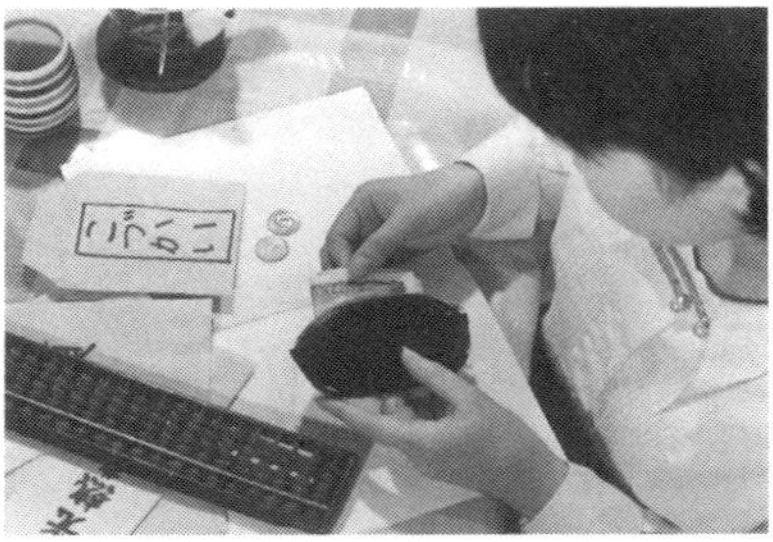
主婦にとってこづかいは頭の痛い問題

▽主婦にないのは不合理

こづかいを持つという意味がそうであっても、夫や子供がこづかいをはっきりと、とっているのに比べ、主婦がとっている例は、非常に少ないようです。

これは家計を預かり、その実状を一番よく知っているのは主婦自身なのですから、やりくりだけでも苦しいのに、なおかつ自分のこづかいなど、とる気持ちになれないのが原因のようです。

しかし、よく考えてみると、同窓会に行くためセットをし、会費を払い、帰りみちに旧友とコーヒーを飲むという例のように支出がまったくないということもないはずです。それらは、家計の交際費として計上されたり、あるいはその他の費目にくり入れられているのです。

ということは、かせいでいない主婦が、大っぴらにこづかいを使うことをはばかる気持ちが、どこかにひそんでいるからではないのでしょうか。

▽家族にはっきりさせる

主婦のこづかいに夫をふくめた家族全員に対して、はっきりさせておくことは、家庭の中での主婦のプライバシーを確立し、主婦が単なる家事の責任者ではなく、独立した人格として行動するための裏付けになってくるのです。

たとえ主婦が自分のこづかいとして毎月とりにくい場合でも、年二回のボーナスの一部をそれにあてれば、かなりまとまった金額になるので、月割りにして、こづかいにするのも一つの方法です。

1965年4月4週号（B版）

(1)女性だけの旅行を　楽しく安全にする

七ヵ条

(2)小学一年生の　かかりやすい〝学校病〟

(3)着こなしの変化が楽しめる　ジャージーのツーピース（裁断図つき）

(4)通勤着にふさわしい　BGのアクセサリー

(5)簡単に作れる　クレオン染めのれん

(6)素肌を美しくする　イチゴのブラマンジェ

(7)生け花　線と面とかたまり

(8)モード　だれにでも似合うサマースーツ

(1)女性だけの旅行を　楽しく安全にする七ヵ条

楽しい風景を求め、未知のものにあこがれ、旅を願う心は、常に女性の中に強くあるようです。女性は、旅に夢を託すからです。

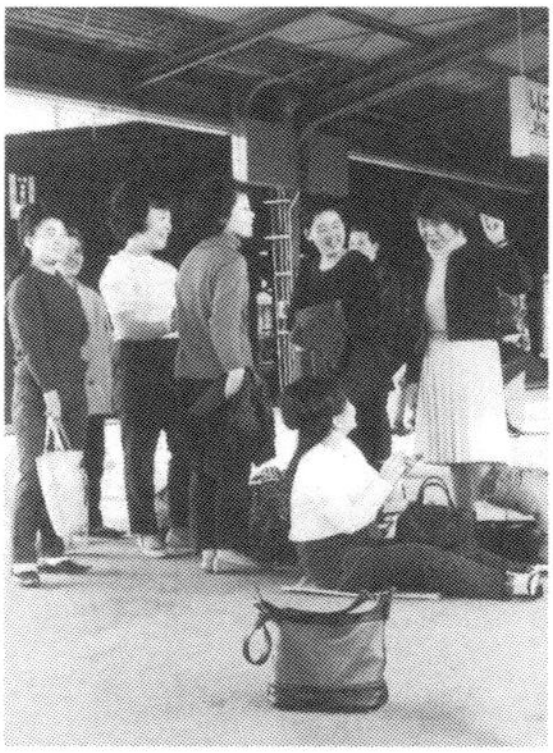
楽しい女性だけのグループ旅行

最近、女性だけのグループ旅行がたいへん盛んなようですが、男性のように、ブラリと旅に出るといった〝風の吹くまま式〟は危険です。女性だけの旅行を楽しく、安全にする七ヵ条を日本交通公社広報課と日本観光協会の話からまとめてみました。

①〈余裕のあるプラン〉

グループの中には、たいていリーダー的な性格の人、あるいはマネージメントのじょうずな人がいるはずです。その人を中心にプランを練って、なるべく正確な日程表を作りましょう。

予算は、どうにかなるというのではなく、少し余裕を見ておくほうが無難です。ヒッチハイク的な方法は、話としてはおもしろくても、実際にはそう調子よくいかぬものです。

予算ばかりでなく、時間も無理をしないこと。四日のコースを三日で仕上げるより、二日のコースを三日でのんびりすごすのが楽しい旅をするコツです。

②〈人数は偶数がよい〉

グループ旅行ですから何人で出かけるかが問題になります。三人なら四人、五人になったらいっそ六人にして、出発することをおすすめします。汽車の座席をとる場合でも、一人はずれてもつまらないし、三人の中に、見知らぬ人がまじっても、女性は気分をこわされやすいのです。

③〈旅館は予約しておく〉

いきあたりばったりというのではなく、旅館はかならず予約しておきましょう。出発前に宿先きが決まればきちんとした日程表を家に置いておくことができます。連絡場所をはっきりさせて、家族に心配をかけぬことが、女性の場合はとくに必要です。

安くあげたいと思えば、ユースホステルや国民宿舎を利用するのもよいでしょう。こういうところは、たいてい、男女は別むねになっていますから、その点でも安心です。

④〈手製の寝具を用意〉

ただし、ユースホステルや国民宿舎は、安い代わりに、どうしても寝具が清潔とはいかないかもわかりませんから、神経質な人は、簡単な寝具を用意するとよいでしょう。わざわざ買わなくてもシーツのような布地で、両端とすそが縫ってあればじゅうぶんです。この中にすっぽり入ってから宿のふとんを着るのです。

⑤〈針と糸を忘れずに〉

宿に泊まれば、針と糸ぐらいはあるでしょうが、どこで、どんなほころびができるかもわかりません。やはり、針と糸、それに、マーキュロ、胃腸薬、バンソーコー程度の救急薬は用意しておきたいものです。

⑥〈切手も忘れずに〉

行くさきざきから女性はこまめに便りを書きますが、絵葉書を買ったけれど、五円切手がなく残念な思いをすることがよくあります。さいふの中に五円切手を何枚か用意しておきましょう。

⑦〈習慣にさからわず〉

チップは、旅行のとき、いちばん気になることですが、女性ばかりの旅行でも、やはり、宿泊料の一割くらいのチップは用意したほうがよいでしょう。これは、落ち着いてから、係りの女中さんに渡します。

若いグループなら現代的に割り切って、ノーチップで、というのもよいかもしれません。しかし旅行を楽しむ一つのコツは、一般的な習慣にさからわず、ゆったりした気持ちで旅をするということにもあるのです。

1970年5月1週号(A版)

(1)商品のライフ・サークルを知る　主婦に必要な〝新製品の経済学〟

(2)若年層は「カッコいい」から　男のきものブームに世相反映

(3)「ひょっとした時のちょっとしたこと」菊田要

(4)行楽のおともに　手作りのリュックサック

(5)「生活手帳」　ほこりをたたき出すコート類をしまうとき

(6)＝主婦の本だな＝　「アカシヤの大連」

(7)＝生け花＝　「童　心」

(1)商品のライフ・サイクルを知る　主婦に必

要な〝新製品の経済学〟

さら洗い機、電子レンジに続いて、〝映像のかん詰め〟のキャッチ・フレーズで、ビデオ・パッケージが商品化されようとしています。このように技術革新の波に乗って、つぎつぎと新製品が登場してくると、主婦がしっかり〝新製品の経済学〟をわきまえていないと、いたずらに消費欲望にかり立てられ、家計のやりくりに追われて、繁栄の中の飢餓に陥ってしまいます。

▽二とおりある

まず、新製品には二とおりあることを、知っておかねばなりません。まったく新しい機能をもった、文字どおりの新製品と、機能的にはたいして変わらず、外観や附属品が変わっただけの、見せかけの新製品です。なぜ似て非なる二つの「新製品」が登場するのか、その舞台裏を日本女子大学の宮崎礼子講師（家庭経済）に、わかりやすく説明してもらうとこういうことになります。

人生が幼年期、青年期、壮年期、老年期と分けられるように、商品にも、人生に相当する開発期、成長期、普及期、飽和期があります。これを商品のライフ・サイクルといいますが、開発期には売り出されたものの、実際に継続して使ってみると、いろんな改良を要する点がみつかる時期であり、成長期はさらに研究、改良が進み、やがて多くの人が購入する普及期にはいります。人間が皆成人するとは限らないのと同様に、普及期に達しない商品もたくさんあります。

成長しない商品より消費者にとって問題なのは、飽和期にやって売れ行きが止まった商品を、メーカーがなんとか売れるようにしよう

どこがどう変わったのかを、よく確かめることがたいせつ。

と、いろんな手段を講ずる点です。その結果、機能的に一新されたものが生まれるか、モデルやイメージを変えただけのものでお茶をにごすかの二つに分かれます。

▽いちおう疑ってみる

新聞、雑誌の経済欄、消費者団体、金融機関などが配布するパンフレット類を、その気になって、注意深く見ておけば、商品の普及率がわかります。専門知識のない主婦にも新製品と宣伝されている商品が、開発期のものか、飽和期のものかは容易に判断することができます。宮崎講師は「飽和期にある商品なら、見せかけの新製品ではないかと、いちおう疑ってみることです」といっています。モノクロのテレビ、電気冷蔵庫、電気洗たく機などは、これに該当するといえます。

▽自己完結も問題

開発期、成長期の商品は前述のように、問題点がみつかる時点ですが、一般に知れ渡るには、ある程度の日時がかかります。安全性や経済性を無視してでも、その商品のもつ新しい機能がどうしても必要な場合は別ですが、一般的には、問題が表面化するまでは、買うのを控えることが、賢明な新製品に対する態度といえます。俗ないい方をすれば「新製品にすぐとびつくな」ということです。

最近のよい例が電子レンジです。食堂、レストランなどでは、かけがえのない働きをしますが、家庭用としては放射線の害が表面化してきました。このように商品の安全性がとことんまで確かめられてから市場に出るのではなく、売り出されてからあとで問題になるように、順序が逆になることも、開発期、成長期の商品にありがちです。

また、むずかしいことばでいえば「自己完結」ということを考えてみなくてはなりません。例をあげますと、カラーテレビは電気料金が高くつくこと、さら洗い機には専用の洗剤が必要であるように、その〝新製品〟を買うことによってすべてが終わる、つまり自己完結するのではなくて、買うことによって派生する問題は、とかく見落とされがちです。「安全性、自己完結など日時がたつにつれて、いろんな形で公表されます。これこそ情報化社会のありがたさです。情報を確かめてから購入する生活態度が、技術革新時代には望ましいのです」。というのが、宮崎講師のアドバイスです。

1970年5月1週号（B版）

(1)「日記をよんじゃイヤ」……（上）通用しない「心配だから」親は愛情の押しつけを反省
(2)「日記を読んじゃイヤ」……（下）怒るのは成長のしるし　親の取り越し苦労も原因
(3)安い給与に重い責任　保母の労働条件調査の問題点
(4)白身魚のムニエル　春らしい卵ソースかけ
(5)「モード」気のきいたタウン・ウェア

エンブロイダリーのセパレーツ
(6)＝生け花＝「せいくらべ」

(3)安い給与に重い責任　保母の労働条件調査の問題点

女性の社会進出が活発になるにつれ、保育施設の不備が、一つの社会問題として、浮かび上がってきています。あずける母親の側からいえば人、物とも不備の一語に尽きるのですが、あずかる保母の側からいえば、どんな点が現在最も問題であるかを、保育問題に前向きの姿勢で取り組むためには、ぜひ知っておかねばなりません。

▽父兄と対立関係

全国社会福祉協議会保母会では、昨年末、保母の労働条件に関する実態調査を行ない、いま集計中ですが、このほど中間報告的に、結果の一部をまとめました。調査の対象になったのは、全国各地の公立保育所百九十五、私立保育所百五十二です。

第一に目につく点は、保育所保母の労働条件が非常に悪いにもかかわらず（特に私立＝後述）、保母の肩には〝幼なき生命をあずかる者〟として、大きな責任と義務がかかっていることです。

最近のモータリゼーションの激化が、交通事故の増加をまねき、いっそう保母の責任を大きくしており、ついには責任のあり方をめぐって、保母と親たちの間に対立関係さえ生じています。

以下調査のアンケートの中から、具体例をあげてみますと、

○三歳児を園から送っていくとき、バスから下車したあと、後輪にひかれて即死。それ以

来、保育園側は人手不足で安全の責任が果たせないために、保母の送り迎えを廃止したいことを父兄に訴えたが、話し合いがつかず、父兄が交代で一人ずつ、保母と共に引率者としてつき添うことになった。父兄は保母の送迎は当然という概念がぬぐいきれず、両者の対立が現在も続いている。

○園児がブランコから飛びおりて左手を骨折した。二人の保母が保母研究大会に出席している間の事故だった。これ以来、保母の研究会や研修会への参加は、同時に二人は認められなくなった。保母の質的向上が望まれているのに、自由に参加できない不満は、熱心な保母ほど大きい。

保母は安い給与で重い責任に耐えている。

▽大きい公私の給与格差

公私の給与格差が大きいのも問題です。表①をみればわかるように、昨年四月の初任給は、公私の間でかなりの違いがあります。

初任給ばかりでなく、昇給制度にも著しい格差が生じています。昇給制度の有無について「ある」と答えた保育所は、公立の場合、回答のあった百八十七ヵ所のうち百八十五ヵ所と九九％で、しかもこのうち百七十五ヵ所は定期昇給です。

一方、私立の場合は「ある」と答えたのは、回答のあった百四十二ヵ所のうち百七ヵ所（七六％）であり、定期昇給はわずか五十一ヵ所に

表① 採用時の初任給（44.4 現在）

公　立

	市	町	村	区
高卒・保母試験	22,857	19,383	19,000	23,840
保専・短大卒	24,608	21,770	27,000	26,170

私　立

	個人	社会福祉法人	宗教法人	その他の法人
高卒・保母試験	14,417	16,761	20,222	21,227
保専・短大卒	21,950	21,776	22,275	22,855

表② 過去３年、毎年５月の給与比較（総平均）

	42 年５月	43 年５月	44 年５月
公　立	33,240	37,785	42,494
私　立	26,693	30,127	33,902

すぎません。

このように、初任給、定期昇給の違いは、当然のことながら給与全体の格差を大きくします。表②のとおり、過去三年間に、公私の間の給与格差は年々大きくなる傾向をみせており、昨年五月現在では、九千円に達しています。安い給与に、重い責任という保母の現状を調査結果は物語っているのです。

１９７０年５月２週号（Ａ版）

(1)〝衣料公害〟に取り組む　業界に「衣料衛生研究会」

(2)「問題にする方がおかしい」　小学五年のマンガ実態調査

(3)明るい家庭作りにも役立つ　親が遊び相手で運動を

(4)はなやかで食欲をそそる　豚肉のフラワー焼き
(5)「ファッション」初夏をエレガントにレーヨン・ジョーゼットで
(6)＝生け花＝「衣がえ」

(1)〝衣料公害〟に取り組む　業界に「衣料衛生研究会」

婦人既製服の六〇％、ワイシャツの八〇％、スリップの九〇％は化学繊維だといわれています。まさに化繊時代といってもよいほどです。だが、一方では「化繊を着たら赤くはれた」などと訴える人が、ふえてきました。〝衣料公害〟ということばが生まれるほどです。このほど、業界の連合体である日本科学繊維協会に「衣料衛生研究会」が新設されたので、同協会にいろいろ伺ってみました。

〔新設の動機〕

さきごろ科学技術庁が、四年がかりで行っている衣料処理剤調査の一部（後述）がもれて、マスコミにはでに取り上げられました。社会不安を巻き起こすことをおそれて、以後同庁は調査についていっさいノーコメント。一方、これまでの化繊業界では、いかに使いよい繊維を人工的に生産するかの化学的研究に力を入れてきましたが、人体とくに皮膚にどんな影響を与えるかの医学的研究は、ほとんどなされていませんでした。この際、業界が〝繊維〟を生産しているのだという考えを、〝衣料〟を生産しているのだという考えに改めて、医学的研究にも自主的に着手しようというのが、おもな動機です。

〔研究会の運営〕

化繊大手メーカーの二十七社から、主任研究員と技術担当課長クラスが、毎月一、二回集まって、〝衣料公害〟のデーターを持ち寄ったり、必要に応じて医学者を招いて助言を求めて、問題を化学、医学の両面から究明します。初会議はすでに去る四月十五日に行われました。

〔当面の課題〕

防縮、防しわ、防水などのために樹脂を使って加工されますが、樹脂の中にはホルマリンなどの有害な成分を含むものがあります。また硬化仕上げ、柔軟処理、静電防止、吸湿加工などのために界面活性剤などの各種の油剤（約三十種）が使われていますが、油剤と人体の関係はまだよくわかっていません。

加工処理に使用されている樹脂と油剤の毒性をはっきりさせ、もし人体に有害な場合は、処理方法を変えます。たとえば、生地の売り場で、目が刺激されて涙が出るという〝衣料公害〟は、防しわ処理剤中のホルマリン成分が、水洗仕上げが不十分なため、空気中に遊離するためです。

遊離ホルマリンがどの程度あれば、どれだけの害を人体に与えるかは、まだはっきりわかっていませんが、水洗工程を改めることで、遊離ホルマリンをなくすることが出来ます。

〔今後の問題点〕

前述の科学技術庁の調査の一部というのは、名古屋市立大学の青山光子助教授が、五百人の女子学生について、過去三年間に衣料で被害を受けたことがあるかを調べたところ、半分があると答えたというものです。これが〝娘さんの半分が被害〟というように報じられたのですが、三年間に一度ごはんの中に砂があったからといって、米の中に砂があると騒ぐのと同じ条

化繊の加工処理工場

件だという反論が成り立ちます。
体質、気象条件が〝衣料公害〟には大きく作用していると考えられています。とくに、アレルギー体質、日光、汗などがおもな原因になります。これらと化繊自体の原因とをどう見分けるかはむずかしい問題です。だからといって〝衣料公害〟はカラ騒ぎだとはいえません。衣料に使われる以上、どんな体質の人でも安心して着用できることが、絶対条件ですから。
食品には不十分ながら添加物を規制する法律がありますが、繊維の処理剤にはいっさいの規制基準がないことも問題です。やはり青山助教授の調査ですが、市販のおしめカバーから〇・二％のホルマリンが検出され、メーカーが目安にしている〇・一％の倍もあることがわかりました。
しかし、メーカーが目安にしている〇・一％も医学的な根拠があるわけではありません。〇・五％を越すと有害だという学者もいるくらいです。このように、処理剤の有害成分を調べ上げても、その許容量をどこにおくかは、簡単に答えの出ない難問です。もっとも、だからこそ「衣料衛生研究会」が必要なのだといえるのですが。

1970年5月2週号（B版）

(1)母親は思い出と比べがち　〃先生の品定め〃は慎重に
(2)まずお母さんがやりなさい　〃スポンサーママ〃への苦言
(3)原因を知って手早く調整　ミシンの故障に強くなろう
(4)ハンガーカバーなど三点　一枚のワイシャツから
(5)「暮らしのポイント」　冷房負荷計算書を作る　クーラーを注文する前に
(6)＝子供の本だな＝　「りんごひろいきょうそう」
(7)＝生け花＝　「初夏」

(3)原因を知って手早く調整　ミシンの故障に強くなろう

嫁入り道具の一つに数えられながら、その割りに使われていないのがミシンです。既製服を買った方が安上がりといった事情も原因していますが、思うように使いこなせないことが〃宝の持ち腐れ〃の最大の原因です。女性はキカイに弱いという汚名を返上するためにもリホームや手作りで経済と個性の一石二鳥からも、ミシンの故障に強くならねばなりません。さっそくつぎの要領で調整を。（労働省編、家事サービス職業訓練教材をテキストにしました）。

〔回転が重い〕
▽は原因、＝はその調整法、以下同じ。
▽油がきれている＝油をさす。頭部の上軸、脚部のピットマン部分の油がきれると、とくに重い。

▽カマに糸くずやごみがたまっている＝カマを掃除して油をさす。

▽ミシン以外の油（食用油や髪油）を使ったとき＝揮発油で油をふきとって、新しい油をさす。

〔針目が不ぞろい〕

▽上糸と下糸の強さが違う＝糸調子ナットまたはボビンケースの糸調子ネジを加減する。

▽押えの圧力が不適当である＝布地に合わせて調節する。薄地のときは弱く、厚地のときは強くする。

▽針が悪い＝新しい針に変える。

▽ボビンに糸が平均に巻かれていない＝正しく巻き直す。

▽糸の質が悪い＝良質のミシン糸を使う。

〔上糸が切れる〕

▽糸のかけ方が誤っている＝正しくかけ直す。

▽針が悪い＝針を取りかえる。

▽糸と針が合っていない＝糸と針との関係を調べて正しく直す。針穴より太い糸を使ったとき起こりやすい。

▽上糸が強すぎる＝糸調子ナットをゆるめて調子を合わせる。

▽カマにきずがついている＝カマを取りかえるか、油といしできずを直す。

▽糸取りバネが悪い＝新しいバネに取りかえる。

〔下糸が切れる〕

▽下糸の巻き方が悪い＝正しく巻き直す。

▽カマにきずがついている＝カマを取りかえ、油といしできずを直す。

▽針板の穴にきずがついている＝針板を取りかえる。

原因さえわかれば手早く調整できる。

▽ボビンケースの糸調子バネが強すぎる＝調節ネジをゆるめ調子を合わせる。

〔針が折れる〕

▽つけ方が誤っている＝正しく直す。

針が曲がっている。品質が悪い＝優良な針に取りかえる。

▽縫うとき布地を強く引きすぎる＝自然に布を送らせて無理をしないようにする。

〔縫った布にしわがよる〕

▽糸調子が強すぎる＝上糸、下糸をゆるめて糸調子を合わせる。

▽布地と針と糸とがつり合っていない＝正しく改める。薄地を太い糸、太い針で縫うとちぢみやすい。

▽押えの圧力が強い＝薄地はできるだけ押え圧力をゆるめる。

〔縫い目に輪ができる〕

▽糸調子が悪い＝正しく合わす。

▽糸取りバネが曲がったり、破損したとき＝取りかえる。

▽糸の太さが針に合わない＝正しく取りかえる。

〔縫い目がとぶ〕

▽針のつけ方が誤っている。上糸の通し方が違っている＝正しく直す。

▽針先がつぶれている。糸取りバネが曲がっている＝取りかえる。

▽押えの圧力が弱い＝圧力を加減する。

▽布地と針と糸とがつり合っていない＝正しく改める。

1970年5月3週号（A版）

(1)感ぐりの邪推で失敗　性教育のできないお母さん

(2)無理にやめさせなくてよい　赤ちゃんの指しゃぶり

(3)整形とふやす楽しみ　ゴムの木の美容法

(4)雨の日が苦にならない　エナメルクロスのハット

(5)＝主婦の本だな＝「鈴の音」

(6)＝子供の本だな＝「テントウムシはおまわりさん」

(7)＝生け花＝「ミヤコワスレ」

(3)整形とふやす楽しみ　ゴムの木の美容法

観葉植物にはたくさんの種類があり、それぞれ異なった美しさをもっていますが、丈夫で育てやすく、しかも一般的という点から見ると、まず第一にゴムがあげられます。葉の姿や光沢が魅力的なうえ、さし芽で容易にふえるので、シクラメンと同じぐらい普及しています。生長力の盛んな植物で、八丈島あたりでは露地植えとなっていて、草だけ二メートル以上にもなっています。このように丈夫ではあっても、鉢植えにして室内に置いておくと、困ったことに下葉が落ちてしまい、何とも不格好な姿になることがあります。そして一本調子に上へ上へと伸び、室内装飾用にならなくなってしまいます。

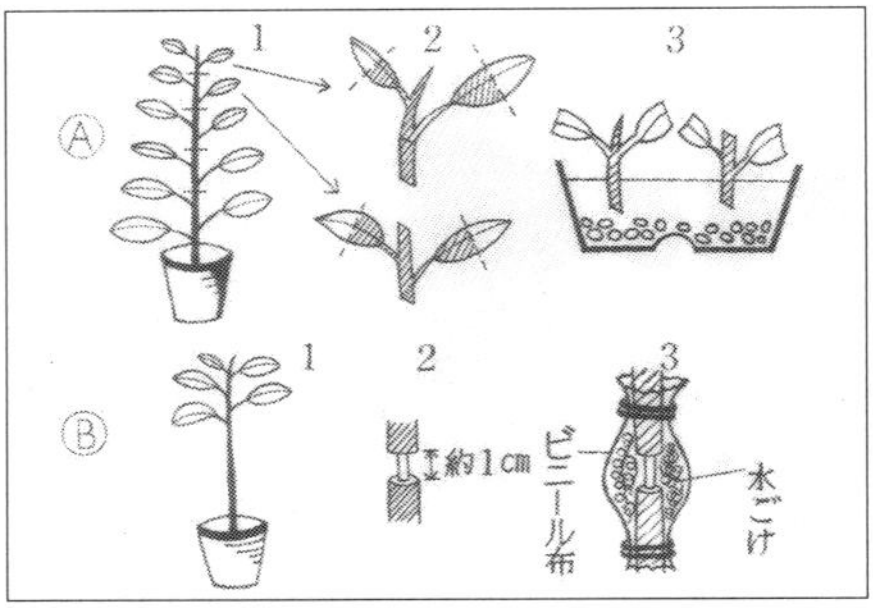

伸びすぎたゴムの木は取り木の整形手術を。

そこで、こうした場合の美容法をお教えします。

伸びすぎたものはいくら肥料や水を加減しても、生長を停止することはなく、背たけは高くなるばかりですから、思い切って手術しなければなりません。手術というのは、通常「取り木」と呼ばれている方法と、「さし芽」を行う方法です。いずれも現在の草たけを半分近くにし、改めて仕立て直すやり方をさします。六月中に行えば、生活力が盛んなため、残された株から再び芽が伸び、姿がきれいになるばかりでなく、ふやす楽しみも味わえます。（図参照）

これを行う時の注意事項として、

①鋭利なナイフを用い、切り口をなめらかにする。

②切り口から出てくる乳液をそのままにしておくと、黒く固まってかさぶた状になるので、ぬれた布で全部取りさること。

③取り木の場合に用いる水ごけや、さし芽の時に使う苗床の土は、新しいものを使う。

④手術後、水やりを欠かさない。

▽図Ａ（さし芽）の説明

よく切れるナイフで①のように切り（点線の

箇所）水分の蒸発を少なくするために②のように葉の半分を切り捨てます。③の要領でさし芽しますが土は川砂、赤土、鹿沼土がよく、根づくのに四十日～六十日かかります。一人前になるのは来年です。

▽図B（取り木）の説明

下葉が落ちてしまった部分①を、鋭利なナイフで②のように、表皮をはいで、シンだけ残します。切り口から出る乳液を除き、ぬれた水ゴケを③の要領で巻きつけ、表面全体をビニール布でおおいます。

三十日～五十日で初根しますから、切り離して別のはちに移植します。なお残された元の茎からも新芽が出てきますから来年はこれを取り木することができます。

（園芸家、江尻光一）

1970年5月3週号（B版）

(1)むしろおとなの側に問題　マンガ「ハレンチ学園」の教訓
(2)値引き率、飾りつけなどに注意　新製品を買うタイミング
(3)効果的な布振り運動　肩こり心得帳
(4)豪華なスピード料理　トマトと卵の中華風スープ
(5)「モード」　チェーンを上手に使って初夏にふさわしく装う
(6)＝生け花＝「躍　動」

(2)値引き率、飾りつけなどに注意　新製品を買うタイミング

大は自動車から小は料理用具まで、毎月のよ

うに〝新製品〟が売り出されます。すぐ飛びついてあとで欠陥商品とわかったのではたまりません。待っておれば、欠点が改善されて、しかも安く買える場合もあります。〝新製品〟を買うタイミングを上手につかむことが、賢い消費者の資格の一つです。

（知っておくべき原則）

すべて商品には開発期、成長期、普及期、飽和期があって、価格的には飽和期、性能的には普及期にはいった商品を買うのが、賢明な購入法です。開発期の商品はとかく欠点が暴露されたり、売れ行きが悪いとすぐ生産がストップされて、あとで修理部品が入手できなくなるおそれがあります。

成長期の商品は、価格や性能の変動が激しく、あわてて買ったら、すぐあとで改良型が発売されてバカをみることがありがちです。人間に少年、青年、壮年、老年の各期があるのになぞらえて、こういった経過を商品のライフ・サークルと呼ぶことがあります。

（すぐ買ってよい場合）

普及期にはいってから買うというのは、隣近所が買ったらわが家も買おうという、自主性の乏しい方針になるきらいがあります。どんな新しい機能が〝新製品〟にはあるのか、その新機能がもたらす便利さ、経済性、合理性などを検討して、もし他の商品では得られないプラスがあるなら、たとえ売り出されたばかりの、つまり開発期の商品であっても、すぐ買って生活に組み入れる方が賢明です。

夫婦共働き、病人のいる家庭、商家で人手不足などの状況では、普及期になるのを待つまでの間の、時間的、労働的ロスを計算すると、あとで普及期になって安く買えたとしても、結局はすぐ買っておいた方が徳な場合があるからです。

（タイミング判定法）

普及期、飽和期とことばでは理解できても、実際にはどうして判定するか、むずかしい問題ですが、いちおうつぎの点が目やすになります。

①デパートやスーパーの特売の目玉商品になっている。

開発期の商品が、目玉商品になることはまずありません。いちいち特売場へ行ってみなくても、チラシ広告を注意してみておればわかります。

②値引き率が大きくなった。

商品が飽和期になってダブついてくると、当然原価を下げて売り上げを伸ばそうとするのが、業者の常とう手段です。

③ショーウインドーの飾りつけ方に注意する。

これから売り出そうという開発期、成長期の商品ほど、よく目につくように、ショーウインドーの真ん中に飾られます。よい商品だから真ん中に飾ってあるとは限りません。定評ができてそんなに宣伝しなくてもよく売れるようになった商品は、ショーウインドーの主役にされない場合が多いのです。

④ベテラン店員に尋ねる。

最も確実な方法です。いつ発売になったか、評判はどうか、とくによい点はなど、その商品に詳しい店員に教えてもらうと、失敗がありません。顔見知りになっていれば「もうしばらく待って買われた方が徳ですよ。苦情が多くていま改良中ですから」ぐらいは忠告してくれます。

ただその店員が、メーカーから派遣されてい

ベテラン店員に尋ねるのが一番確かな方法。

る人（出向店員）であるか、ないかを知っておかねばなりません。出向店員は自社の開発期の商品には、売らんかなの意欲が強いからです。顔見知りとはこうした身分をも知っているうえでなじみになっているという意味です。

（日本消費者協会の金森房子さん、日本女子大講師の宮崎礼子さん、買い物コンサルタントの金谷千都子さんらの話をまとめました）。

1970年5月4週号（A版）

(1)子守り歌はスキンシップ　〃歌を忘れたママ〃への忠告
(2)よい店で表示をよく見る　肉加工食品の上手な選び方
(3)「押し入れ」をフルに利用　便利な〃動くストッカー〃
(4)ピリッとおいしい保存食　アジの南蛮づけとマリネ
(5)「ファッション」　若さの魅力は帽子とベルトで　夏を楽しむ半そでのワンピース
(6)＝生け花＝　「青の印象」

(2)よい店で表示をよく見る　肉加工食品の上手な選び方

ハム、ソーセージ、かまぼこなど肉の加工食品が、食卓の主役になってきました。有害添加物に加えて、これから夏にかけて鮮度が問題になりがちです。東京都消費者センター主催の「生活教室」で行われた生活コンサルタント伊藤延子さんの話から、加工食品を選ぶ五つのポイントをまとめてみました。

①よい店で選ぶ

特定のメーカーのものしか売っていないような店は、よい店とはいえません。品質がよいからではなく、利益の多い商品だけを扱っているからです。こういう店では、いろいろの品物を比較して買うことができません。

衛生管理を十分にしていることもよい店の条件です。食品ケースの中に虫がはいっていたり、商品を日光にさらしっぱなしにしている店は避けます。また、包装が痛んで、中に虫が侵入していたりすることもありますから、注意しなくてはなりません。

商品の回転率が早い店も、よい店です。どんどん売れるから、古い品物がありません。

②外見のよいもの

加工食品には着色したものがたくさんあります。色がどぎつすぎるものは、有害な色素であることが多く、白すぎるものも漂白しすぎて栄養価や味を落としてしまいますから、こういうものは避けます。

かまぼこはネトのないものを買います。ネトとは粘液性の物質を生産する細菌が発育したときに起きる現象でねばねばしたのりのようなものです。これが多量にできるということは、古いものか、保存状態が悪くて他の有害な細菌が

肉の加工食品は、よい店で、表示をよく見て。

増加しやすい状態になっているということです。

ハム、ソーセージは、肉が明るい淡紅色で気孔がなく、肉と脂肪の接着がしっかりしていて、脂肪は白っぽい色をしているのがよい品です。ベーコンは、切口に適度な脂肪の断層のあるものが上質です。

③表示をよく見る

ＪＡＳ（日本農林規格）に合格した商品には、別図左のマークがついています。同じ商品なら、このマークがついている方が安心です。

カルシウムとかビタミンとか栄養を補ったり、強化した食品には、別図右の「特殊栄養食品」のマークがついています。このマークは、厚生省の許可基準にしたがっているものにつけられています。

食品添加物がはいっているかどうかも、品物についているラベルをよく見てから確かめます。

④保存期間を確かめる

別表は、社団法人、日本食肉加工協会が定めた包装したままの保存期間です。この期間内に

包装したままの保存期間

品名	冬		夏	
	冷蔵庫 3°～5℃	常温 15℃以下	冷蔵庫 10°～15℃	常温 25℃以下
ロースハム、ボンレスハム	30日	20日	15日	10日
プレスハム	25日	15日	10日	5日
ソーセージ	20日	10日	10日	5日
羊腸ソーセージ	5日	3日	2日	1日
真空包装スライス	20日	10日	10日	5日
ベーコン	90日		60日	
サラミソーセージ	120日		90日	

日本食肉加工協会　資料より

販売され食べられることが望ましいのですから、選ぶときの目安になります。ただし、保存期間は夏と冬では異なることに注意しなければなりません。

そのほか、商品を製造した会社名やその所在地が書いてあるかを調べます。なにも表示してない食品は、もぐりの粗悪品とみて買わない方が無難です。

⑤適正な価格のもの

あまり安すぎるのは、おとり商品のときもありますが、古くなったものを売ってしまうためのときもあります。また、豚肉ばかりのハムと思って買ったのに、魚肉がはいっていたというニセモノのこともあります。あまり安すぎるときは、どうして安いのか十分に確かめてみることです。

1970年5月4週号（B版）

(1)しかるだけが〝しつけ〟でない　家庭教育の建て直し策
(2)さわやかなムードに　つゆどきの身だしなみ
(3)お礼ごえと枝切り　花木を毎年咲かせるコツ
(4)自然食のおやつ　ポテトローズ
(5)＝主婦の本だな＝「個性あるレジャー」
(6)＝子供の本だな＝「大きい1年生と小さい3年生」
(7)＝生け花＝「夏の序曲」

(3)お礼ごえと枝切り　花木を毎年咲かせるコツ

ツツジ、アジサイなどの花木が、新緑の中でひときわ美しくはえて、私たちの目を楽しませてくれますが、これらの花木が毎年同じようには咲かず、お隣さんはみごとに咲いたのに、わが家のはさっぱりというケースが珍しくありません。そこで、花木を毎年立派に咲かせるコツを、園芸家、江尻光一さんに教えてもらいました。

▽前年秋に花芽

ヒマワリや百日草などの一年草は、タネマキ後二ヵ月くらいで開花する性質をもっているので、花木もこれと同じように春に新芽が伸びるのと一緒に花芽が出来て咲くと思っている人が多いようです。実はそうではないのです。春から初夏にかけて咲く花木は、前年の秋にはもう枝のところに花芽が出来上がっているのです。

したがって秋に花芽が出来ていない株は、翌春いくら葉の新芽が出ても開花しません。つまり、花が終わってから秋までの間の手入れを、十分にすることが、来春に備えて枝に花芽をつけておく最も大きなポイントになるわけです。

▽〝お礼ごえ〟を実行

花芽をつけるということは、木にとって大きな仕事であり、栄養状態や日光、水といった条件が整っていなくてはなりません。手入れの第一は、花が終わったあとの肥料やりを実行することです。これを〝お礼ごえ〟といいますが、一油かすでも化成肥料でもかまいませんから、一株当たり、軽くひと握り程度をまいておきます。

ただし根元に与えたのではあまり効果はありません。必ず根ぎわから三十～五十センチ離れた所にまきます。こうしておくと雨が降るたびに地中にしみこんでゆき、これを根が吸って、花芽をつけるための養分にします。

▽花後に枝を切る

手入れの第二は枝切りです。バラや落葉果樹は冬の間が枝切り（せん定）の適期とされていますが、春咲きの花木は、花が終わったあとが適期です。いくら肥料をやったり病害虫の防除をしても、枝が茂りすぎて、葉と葉が重なり、葉に日光がよく当たらないとやはり花芽のできは悪くなります。

花が終わった直後に、重なりあった枝は、一本を残して他を切り捨てたり、細くて弱ってる枝とか、虫食い枝などは切り捨て、太くて丈夫そうなものを残します。一つの目やすとしては、日光が当たった時、葉と葉の間からもれる光が、地面にちらちらとさしこむ程度にすれば間違いありません。

こうしておくと、残った枝から新芽が出、こ

花が咲き終わったら枝切りを。

れに肥料が効きがっちりとした枝が出来上がり、花芽がぎっしりつくことになります。

なお、生長がよい場合、枝が伸びすぎて眼ざわりになるために秋になって枝切りをする人がいますが、最小限度にとどめておかないと、せっかく出来た花芽を切り捨てることになります。植木屋さんにやってもらうときにも、あらかじめ打ち合わせをしておかないと、格好ばかりにとらわれて、花芽のついてる枝を惜し気もなく切ってしまうことがよく起こります。

1975年6月1週号（A版）

(1)材料や配合、表示に基準　レトルト食品にJAS制定
(2)＝教育随想＝「うそ」菊田　要
(3)日曜大工や掃除にははずす　忘れがちな時計の扱い方
(4)新しい柔らかさとやさしい色　英国の秋冬既製服の傾向
(5)＝生け花＝「初夏の香り」

(1)材料や配合、表示に基準　レトルト食品にJAS制定

レトルト食品と言えば頭をかしげる人が多いが、容器ごとちょっと温めるだけで食べられる食品と言えば、たいていの人は食べたことがあ

ると答える。レトルトとは加圧加熱殺菌がまのこと。つまり調理済みの食品を容器に密封してレトルトで加工し、かん詰め並みに保存できるようにした食品を総称してレトルト食品と呼ぶわけ。

▽秋にはマーク品

わが邦で初めて発売されたのは昭和四十三年だが、短時間温めるだけで食べられる手軽さと、長期保存できるという流通面での有利さのために年々売り上げ高が伸び、農林省の集計では四十八年は約二百億円、昨年は五〇％増の約三百億円に達した。

それほど出回ったにもかかわらず何の規制も行われず、野放しの売り込み競争が派手に展開された。レトルト食品の急速な普及に、行政が後手に回った状況だった。

同省が消費者団体に委託して調査したところ①保存性についての区別がつけにくい、②内容物の組成がまちまちで開封するまでわからない、③品名がまちまちで、原材料の表示が適正でない、などの問題点があることがわかった。

そこで品質の改善と消費者保護のために、このほどレトルト食品のＪＡＳ（日本農林規格）が制定された。ただし、いろんな準備が必要なため、実際にＪＡＳマークつきのレトルト食品が店に出回るのは十月ごろになる見込み。

▽カレーは肉三％以上

ＪＡＳの概要は次のとおり。

（適用の範囲）

レトルト食品のうち、カレー、ハヤシ、ミートソース、シチュー、ハンバーグ、ミートボール、米飯類、べんとう、ぜんざい、牛どんのもと、まあぼ豆腐のもと、を詰めたもの。

（品質の基準）

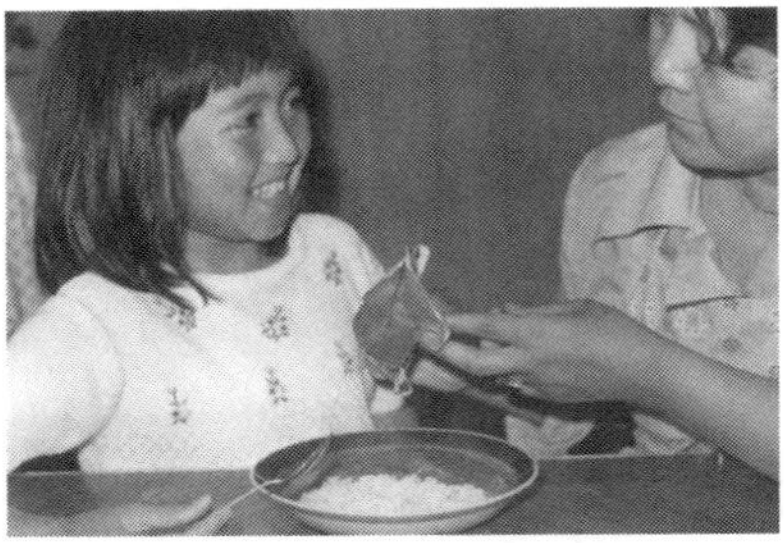

レトルト食品を食べる家庭が増えた

それぞれについて定められ、例えばカレーでは牛肉、豚肉、家きん類以外の肉は使用できず、重量で三%以上入っていなければならない。

植物性タンパクはわが国において重要なタンパク源なので、特にミートソース、ハンバーグ、ミートボールだけは、一定限度内に限って使ってもよいことになった。

充てん、加圧などで材料の形が崩れて見分けがつきにくいので、配合管理基準が定められた。例えば野菜カレーの場合は二〇%以上、シチューの場合は三〇%以上配合しなければならない。

（表示の基準）

所定のわくの中に8ポイントより大きいゴジック活字で品名、原材料名、内容量、製造年月日、使用方法及び製造業者の氏名と住所、更に輸入品は原産国名を表示する。

原材料は、肉（牛肉、豚肉）、野菜・果実（たまねぎ、にんじん、りんご）、のように分類名称の次にカッコをつけてまとめて表示する。内容量は総重量のほかに買う人の目安になるように「〇食分」などと併記する。

純、純生、天然、自然、安全、などの用語を使ったり、原材料の一部をれいれいしくことさらに表示してはいけない。

1975年6月1週号（B版）

(1)自由に動け、一人で着られる　梅雨どきの幼児の遊び着
(2)今からでないと手遅れ　留年、退学を防ぐ十策
(3)親が気づかぬはずがない　子供の不良化のきざし15点
(4)淡泊な味でも栄養十分　食欲そそる寄せ豆腐
(5)＝回覧板＝　七月十九日から発売　海洋博の記念切手三枚

(3)親が気づかぬはずがない　子供の不良化のきざし15点

モーテルで、女子高生が約百人も不純交遊をして警察に補導された事件（山梨・甲府）は、同じ年ごろの子をもつ親達に「もしやわが子も？」の不安を起こさせた。だが不安がるのは日ごろの注意を怠っている証拠。一つ屋根の下で暮らしていて気づかぬはずがない。警察（少年係）の資料から、不良化のきざし15ポイントをあげた。

1ウソをついたり、そわそわと落ちつきがない。2いつもイライラして、親や家族の者に乱暴したり、口答えをする。3隠語をつかったり、言葉づかいが荒い。4学校へ行くのをイヤがり、成績も急に下がる。5理由をつけては、学校や勤めなどからおそく帰る。6金づかいが荒く、金をせびったり持ち出したり、つり銭などをごまかす。7不良じみた友達がたずねて来

たり、コソコソと電話をかける。8行き先も言わず外出したり、夜遊びや外泊が多い。9カバンや紙袋に、着替えなどを入れて持ち歩く。10いかがわしい本などを隠れて読む。11マージャンやパチンコ、競輪、競馬などに異常な関心を示す。12シンナーや接着剤を隠し持っていたり、衣服や吐く息に揮発性のにおいがする。13買い与えた覚えのない衣類や品物を多量に持っている（万引きの疑い）。14刃物や木刀、ムンチャク（空手の用具）などの凶器類を持ち歩く。15オートバイや車に夢中になり、夜間に乗り回す。

（警察庁少年第一課の資料より）

1975年6月2週号（A版）

(1)一緒に遊んでくれて寛大　幼児にとって望ましい父親
(2)名実不一致で不安な食品　ソフトクリームに問題点
(3)金も手間もかからず面白い　アリをペットに飼う法
(4)部屋の飾りにもなる　物指し入れと針刺し
(5)＝子供の本だな＝「へびりが池のなぞ」

(3)金も手間もかからず面白い　アリをペットに飼う法

ペットを飼う楽しみを味わいたいが、何万円もするイヌやネコは経済的にも住宅事情からいっても無理。そうかと言って小鳥や熱帯魚は、とても面倒をみる自信がないという人に金も手間もかからなくて面白いアリの飼育を紹介しよう。

▽用具代はゼロ
ガラスかプラスチックの透明な容器、例えば縁が少し欠けて使えなくなったガラスのコップか広口の空きびんがあればよい。コップならビニール布や小ざらをかぶせ、ふたつきびんはふたを締めておく。なにしろ小さいアリだから通気性の心配は無用。体育館に子供が一人いるようなものだから酸欠は起きないし、えさを与える時に換気ができるから。

土を入れると巣の観察ができるが、生態の面白さは土がない方がよく見える。流し台や浴室のスポンジを五～十ミリ角にちぎったものを一、二個。これは時々スポイトで水をかけ、常に水気をたっぷりふくませておき、容器内の湿気を保ち、アリの飲用にするため。

こうすればよくアリの生態が観察できて面白い

▽えさはザラメだけ
えさはザラメ（糖製されていない砂糖）に限る。普通の砂糖だとアリに必要な不純分（塩分、ミネラルなど）が全く除かれているので、アリが栄養失調になってしまう。ビスケットやパン屑も、すぐカビが生えて変質するので不適当。

与える量は一～二日で食べ尽くすようにし、食べてしまってから与えるようにする。
▽一匹ごとに個性
多いと観察しにくいので五～十匹が適当。なるべく大型のアリを選び、一ヵ所つまり同じ巣

のものにする。巣が違うとケンカするので飼えない。

容器に入れると騒いで落ち着かないが、二、三日すると慣れてくる。アリは光に順応するので黒い布や紙で包んでおく必要はない。

拡大鏡で観察すると、一匹ごとに性質やクセが違うのがよくわかる。また行水の代わりに互いに体をなめ合ったり、前足で顔を化粧するなどのアリの習性が観察できる。

巣から卵や幼虫をとってきて入れると、上手に育てるのに感心させられる。寒さにも平気で数年間は生きている。

1975年6月2週号（B版）

(1) 補強や移動する誠意と努力　〃クーラー公害〃の解決策

(2) 守られていない新保存基準　行き悩みのＡＦ２禁止の対策

(3) パニックを二度と起こさない　通産省の情報提供協力店制度

(4) トイレをさわやかにする　予備ペーパー入れ

(5) ＝ホーム・ライブラリー＝「しろいセーターの　おとこの子」

(1) 補強や移動する誠意と努力　〃クーラー公害〃の解決策

夏と共に〃クーラー公害〃があちこちで起きる。騒音に悩まされる隣近所の人達が被害者であるばかりでなく、近所の苦情に気がねして自由に使えないとなると、加害者も実は被害者という厄介な事情になるのが〃クーラー公害〃の特徴。日本冷凍空調工業会の話から解決策のヒントをまとめた。

▽五つの原因

〝クーラー公害〟のおもな原因は五つ。実際には二つ以上の原因が重なっている場合が多いから、まず、この五つの点全部をチェックしてみることが〝公害追放〟の第一歩。

①クーラーの据えつけ位置が近所の家に接近している。

②クーラーの音源部が近所の家の窓に相対し、その間にへいなどのしゃ音物がない。

③構造の弱い壁。架台、テラスなどに据えつけたため振動が増幅され、騒音が一層大きくなっている。

④中高層集合住宅のため、上下、左右の家との境が壁（床）一つである。

⑤整備不良で運転音が大きくなり、ねじのゆるみ、据えつけのがたつきで増幅されている。

以上のうち④のように都市の過密化という個人の力ではどうにもならない原因もあるが、他は誠意と努力次第で解決できる原因だ。例えば、東京都公害局がまとめた「クーラーの苦情・陳情・調査結果」（昭和四十九年三月）によると、過去五年間の苦情のうちで、据えつけ場所を変えるだけで解決したケースが約三〇％もあった。

▽解決の具体例＝図参照

最も多いとみられている三つのケースの、具体的な解決法をあげた。（図の左側が苦情のあったときの状態、右側が解決後の状態）

（A）据えつけの補強

左＝木造の比較的弱い構造の壁に取りつけたため、振動が増幅されて、大きな二次騒音が発声していた。

右＝壁にあまり荷重をかけないように補強し

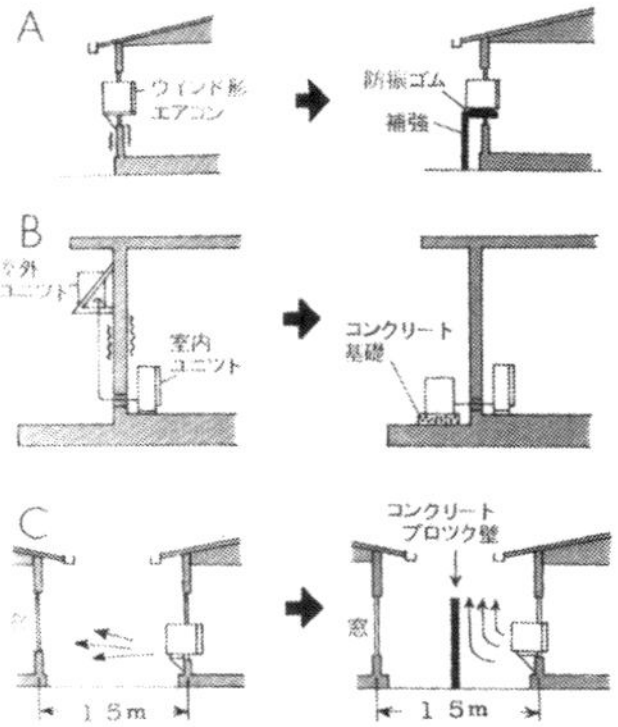

〝クーラー公害〟の解決策の実例

た。補強で荷重を地面で支えるようにし、更に防振のためゴムシートを挿入した。

（B）場所の移動

左＝壁に架台を取りつけ、その上に室外ユニットをのせていたところ、境のへいより高い位置だったので運転音が隣家に侵入し壁が振動して大きな騒音を発生していた。

右＝屋外ユニットを地面上のコンクリート製基礎の上にしっかり据えつけ、更に基礎を壁面から離した。

（C）しゃ音壁の設置

左＝ウィンド型の運転音が隣家へ窓からまともに侵入していた。

右＝クーラーの吹き出し口から約五十センチのところに、コンクリートブロックで壁をつくってしゃ音した。

1975年6月3週号（A版）

(1)再運転は三分たってから　クーラーを上手に使う十章
(2)ソフトで涼しいワンピース　残り布で帽子のリボンも
(3)家のいたみ早める雨水もれ　晴れ間にトイの手入れを
(4)ドイツ風のお総菜　新ジャガの牛乳煮

(5)＝生け花＝「水辺」

(1)再運転は三分たってから　クーラーを上手に使う十章

クーラー（ルームエアコン）が活躍するシーズンになった。扱い方の上手下手で、効果が大違いになるので、社団法人、日本電機工業会編集の「家電品ハンドブック」より〝クーラーを上手に使う十章〟をまとめた。

①使用目的に合った機種を

冷房専用、除湿機能つき、冷暖房兼用、更に構造別ではウインド型、セパレート（スプリット）型、据えつけ簡易型、フロア型など種類が豊富だから、使用条件や据えつけ場所などを販売店とよく相談のうえ選ぶ。

②据えつけ工事が必要

据えつけ簡易型以外は大工、配管、電気などの工事が必要。機種選定と同時に据えつけ工事についても早めに販売店と相談する。テレビや冷蔵庫と違い多くの電流が流れるので、十分な容量のある専用コンセントを設けること。また、電力会社との契約電流の変更が必要となる場合もあるのでこの点にも注意。

③据えつけ位置がたいせつ

部屋全体に吹き出し口からの送風がゆきわたる位置を選んで据えつける。特に冷房専用型の場合は、室外側をなるべく直射日光のあたらない風通しのよい場所にする。直射日光のあたる場合は、日よけをつける。

④再運転は三分たってから

一度冷房をとめて、すぐまたスイッチを入れることは絶対に禁物。必ず三分以上間隔をおいてからスイッチを入れること。また、温度調節のツマミを操作して冷房運転が停止した場合、あるいは室温が下がってサーモスタットの働きによって冷房が停止した場合も、必ず三分以上待ってから温度調節のツマミを操作して冷房にすること。いずれの場合も、すぐ運転すると過大な電流が流れ、ヒューズやブレーカーが切れるおそれがあり、故障の原因になりやすい。

運転中に停電したら、必ずスイッチを切っておくこと。
⑤風向きを調節する
吹き出し方向を調節して、部屋全体に冷気がゆきわたるようにする。直接冷気があたるのは、健康によくない。
⑥直射日光を防ぐ
冷房中に窓から直射日光がはいると冷房効果が低下する。外側に日よけを取りつけたり、窓にカーテンをつける。
⑦外気をシャットアウト
窓やとびらを確実に閉めると冷房効果が高まる。ただし密閉した部屋で、ガス器具やたばこの煙などで空気が汚れたときは、換気装置を働かせたり、窓を開けて換気をすること。
⑧フィルターをきれいに
エアフィルターは特にホコリのつまりやすいところ。目づまりすると風量が減り、運転効果が悪くなる。一ヵ月に二回程度、ホコリの多い部屋では一週間に一度くらい、エアフィルターを取りはずして掃除すること。掃除は水洗いするか、掃除機でホコリを吸いとる。水洗いしたあとは陰干しにしてよく乾かしてから取りつける。
⑨放熱器も掃除する
ゴミやホコリで目づまりすると、能力の低下や故障の原因になるのでブラシやタワシで掃除する。ただしワイヤーブラシは使わないこと。三〜五年たつと内部が汚れ、能力が低下してく

るので、ふだんの手入れとは別に分解掃除が必要。

⑩シーズンオフになったら

①晴れた日に半日くらい送風ファンを運転して乾かす。換気装置つきのものは「閉」にしておく。②電源スイッチを切り、プラグは抜いておく。③エアフィルターや外観部分掃除をする。④室外に出ている部分は厚手の防水、防じんカバーで包んでおく。⑤水冷式は必ず水を抜いておく。

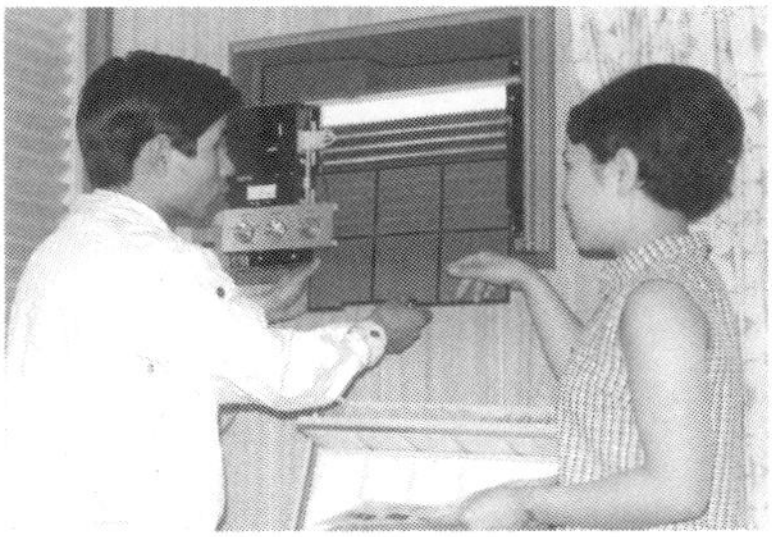
フィルターの手入れを忘れないように

1975年6月3週号（B版）

(1)まだまだ衣食住にムダ　必要な暮らしの総点検

(2)乳児や病人には間接的に　ゆだんしがちな扇風機

(3)夏中飾って涼感を　空きびんでミニ水族館

(4)油たっぷりに強火で手早く　野菜いためのポイント

(5)=回覧板=「ハハジマメグロ」を発売　自然保護シリーズの切手

(1)まだまだ衣食住にムダ　必要な暮らしの総点検

不況、高物価、更に追い打ちをかけるように公共料金などの値上げの暗雲が頭をもたげている。生活が曲がり角にきていることを、もはや疑う人はいない。そのせいか、このほど経済企画庁が監修して、財団法人・日本経済教育センターが発行した「暮らしの総点検~ものを大切にする生活」と題する本が、引っ張りダコになっている。その「食べる着る住む」の項を紹介しよう。

〔食べる〕

▽青葉のゆですぎは三つの損、1燃料の損、2ビタミンの損、3風味の損。塩ひとつまみ(一リットルの湯に大さじ一杯)を入れ、たっぷり沸騰した湯で、ふたをしないで手早くゆで、手早く冷やす。

▽冷蔵庫たな卸し料理デー。

ある調査では、台所のゴミの四割は本来食べられるもの。捨てる半分が野菜、三分の一が肉と魚で、金額にして一世帯、一年間、約三万円分。週に一度は冷蔵庫と野菜かごのたな卸し、月に一度は乾物類のたな卸しをして、廃物料理を作ろう。

▽ごはんを一日中温めておく必要はない。

一日中電子ジャーで温めておくのは、電気のムダばかりでなく、味もまずくなる。蒸し器でひとふきしたら、水滴をごはんの上に落とさないように注意してふたをとれば、それでOK。五~六分で温められる。

▽食用油を長もちさせる。

油は熱、光、不純物によって変質する。天ぷらを揚げるときは、必要以上に温度を上げない、揚げかすを残したままにしない、汚れた油こしを使わない。しまう場所は冷暗所。変質した油に新しい油を足してももとには戻らない。

〔着る〕

▽ベビーウェアは生まれる前は最小限に。

うれしさのあまり、あれもこれもと買いそろえがちだが、絶対に必要なもの、あれば便利なもの、親しい人からおさがりがもらえるものに分けてリストを作り、生まれてから、お祝いの品物とのかねあいで買うとムダがない。

▽古い衣服はリフォームして利用しよう。

まだまだ暮らしのムダが多い

例えば和服の場合、いたんだ部分を除いて、寝具、座ぶとん、ふろしき、袋物、腰ひもなどに十分役立つ。

▽くつ下は同色同種の二足買い。

くつ下は両足同時にはけなくなることはない。片足いたんで両足捨てるのはムダ。買うときに同じものを二足買っておけば、いたんでも片方ずつの組み合わせではける。くつ下の原料もはるか海のかなたから運んでくるものなのだ。

〔住む〕

▽畳の上にカーペットは敷かない。

畳を長もちさせようとカーペットを敷くと、畳は湿気に弱いのに湿気の逃げ場がなくなり、蒸れていたみが早くなる。一ヵ月に一回のからぶき、堅くしぼったぞうきんぶきが長もちさせるコツ。

▽家は補修で寿命を伸ばす。
建てっ放しとこまめな補修をした家とでは、耐用年数が三分の一以上違う。ポイントは水まわりで、土台の水はけは季節ごとのチェックが必要。屋根のいたみ、サッシまわりの点検、防水もたいせつ。

1975年6月4週号（A版）

(1)乗り物も宿もゆったり　情緒深まる梅雨旅行
(2)水は使っても湿気が弱い　洗たく機診断の七つのポイント
(3)疑わしきは捨てる　ぜひ薬箱の点検を
(4)水を透かして見る涼感　〝観根園芸〟のすすめ方
(5)＝子供の本だな＝「ちゃぷちゃぷちゃっぷんの話」

(2)水は使っても湿気に弱い　洗たく機診断の七つのポイント

汗のシーズンになると洗たく機が家事の主役になる。丈夫で長もち、働き好きであるために健康診断が必要なのは、人間も洗たく機も同じ。本番を前に次の七つのポイントをチェックしてみることだ。
▽据えつけ方
①ふろ場には置かない
水を使う機具であっても、洗たく機に限らず機械類に湿気は有害。さびたり、絶縁が悪くなり故障や感電事故の原因になる。給排水に便利だからといって、フロ場に置くのは禁物。雨ざらしになるベランダや軒下に置くのもよくない。

②水平に置く
水平にしっかり安定よく置かないと、大きな振動音を出すばかりでなく、脱水途中で安全スイッチが働いてしまうことがある。
▽洗たく物
③適量を守る
洗たく物をぎっしり詰め込むと、モーターに余分の負担がかかる。むしろ規定量より少なめに入れる方が、モーターに負担がかからず効率がよい。

洗たく物はよく調べてから適量に。

④入れる前に調べる
洗う前にボタンのつき具合いやポケットの中を調べる。とれかかっているボタンはとっておく。
▽運転中
⑤手をつっ込まない
運転中に手をつっ込むと、高速で回転している羽根や脱水そうにふれて思わぬケガをする。
⑥必ず安全カバーを
脱水のときは、ハンカチやくつ下などの小物を下の方に、シーツなどを上の方に、片寄らないように入れる。片寄っていると振動が大きく傷みが早くなる。また、安全カバーをしないと、洗たく物が飛び出し、機械に巻きついて故障の原因になりやすい。
▽手入れ
⑦水気をふきとる

洗たくが終わったらプラグを抜き、全自動なら水せんを閉じ、給水ホースをはずし、外側も内側も、乾いた布で水気をふきとる。水気をふきとる手入れが、湿気をきらう洗たく機を長もちさせる最大の秘けつ。（社団法人、日本電機工業会の話より）

1975年6月4週号（B版）

(1)だれでもどこでもできる　健康度を計るトリムテスト
(2)配達でなく買いに行くもの　急速に進む牛乳の流通革命
(3)整理しやすく、すぐ出せる　便利な旅行用化粧ケース
(4)手軽で、食欲そそる　カナッペふうの変わりずし

(5)＝ホーム・ライブラリー＝「紙の彫刻」

(2)配達でなく買いに行くもの　急速に進む牛乳の流通革命

牛乳配達の音で目が覚めるといった、朝の情緒はいまや過去のもの。牛乳の流通革命が急速に進んでいる。あなたも推進にひと役かっているのでは………

▽配達が激減

畜産振興事業団ではこのほど「牛乳の消費動向調査」（四十九年度）をまとめた。一地区五百世帯として全国で十地区（首都圏4、阪神2、中京2、福岡2）を対象にアンケートを行ったもので、過去三ヵ年の調査と比べて、特に目立つのは購入方法の変化だった。

A配達のみの世帯、B配達を受けながら買いにも行く世帯、Cいつも買いに行く世帯、の三

1975年6月4週号（B版）

つに分けると、四十六年度調査ではAが各地区とも断然多くて六〇～七〇%を占め、次がCで二〇～三〇%、Bは一〇%前後だった。

それが今回の調査では各地区ともAが一〇%台に激減した。反対にBとCがそれぞれ四〇%台に急増した。つまり、牛乳は配達してもらうものというイメージから、必要なだけ買いに行くものというイメージに変わったわけ。

▽びんから紙容器へ

BとCの購入先が八〇～九〇%もスーパーであり、特に団地世帯ではほぼ一〇〇%がスーパーであるのが今回の調査でわかった。

スーパーを利用する大きな理由は「必要なときに必要なだけ買える」と「買い物のついでに買う」の二つ。この二つに比べるとぐっとパーセントは低いが、「安い」ことが第三の理由として各地区ともあげられている。

買いに行く人が増えたことは、流通の主流が牛乳びんより紙容器に移ったことを意味しているが、首都圏と中京地区では一〇〇〇CC。阪神と福岡地区では五〇〇CCの利用者が多い。

▽二日で一本

一世帯一日当たりの消費量は、二〇〇CCに換算して全地区平均で二・三本で、四十八年度の二・五本より減っている。各地区別にみると、首都圏の二・六本が最も多く、以下、中京二・五本、阪神二・一本、福岡一・九本の順。

こんな光景は次第に見られなくなる

一人一日当たりの消費量は、首都圏〇・六六本、中京〇・六三本、阪神〇・五一本、福岡〇・四八本でおおざっぱに言って、二日に一本の割合で飲んでいる。
　全般的にみて五十歳以上では好まれず、主婦はときどき飲む程度の人が多い。一方、主人の場合は毎日飲むとほとんど飲まないとの両極に分かれている。駅のホームのスタンド売りや店の立飲みで、栄養食品として飲む働き盛りの男性が多いわけで、健康食品としてのイメージが定着しつつあることがうかがえる。

1980年7月1週号（A版）

(1)日焼けは焦らずゆっくり　後悔しない水辺の美容心得
(2)一ゆで、二つゆ、三好み　そうめん・ひやむぎ食品学
(3)だれでもどこでもできる　逆立ちと同じ効果のある運動法
(4)〝涼しさ〟を飾る　省エネ生活の知恵

(3)だれでもどこでもできる　逆立ちと同じ効果のある運動法
ヨガの中にも含まれているように、逆立ちは昔から効果的な健康法とされている。内臓の位置が変わるために肝臓の還血流作用が盛んになって新陳代謝が高まり、内臓の弱い人には優

れた運動療法になるとさえ言われている。ところが、体操ぎらいで自信がない人や場所がなくて思い切ってやれない人が多いので、だれにでも簡単にできてしかも逆立ちと同じ効果のある方法を紹介しよう。

▽カエル逆立ち（図①）

手をついてひじの上に体重をかけてしりを上げ、下半身を浮かせる。全身を二本の腕で支えるのだから、筋力を鍛えるにも役立つ。

逆立ちと同じ効果のある運動法

▽頭つけ倒立（図②）

手と頭を床につけ、「へ」の字の形になってから倒立する。下半身を伸ばすとき勢いあまって反対側に倒れることがあるから、少し体が元に戻り加減のところでがん張る。

自信がなければ壁の前面で行なえば安心してできる。倒立している時間を長くするより、こ刻みに回数を多くした方がよい。

▽腰支え倒立（図③）

美容体操に含まれているサイクリングという運動に似ている。

仰向けに寝て腰を両手で支え、できるだけ高い位置に保ち、両足を真っ直ぐに伸ばす。この姿勢から足先を床につけ、ゆっくり元に戻す。腹筋が弱く、腹の脂肪が気になる人にはいっそう効果がある。

１９８０年７月１週号（Ｂ版）

(1)計量しておき条件確かめる　消費者に不利なチリ紙交換
(2)たまには台所で騒げ　中年以上の夏の養生訓
(3)一つの型紙で二種類作れる　調節自由な幼児の遊び着
(4)スナックにもなる　カボチャの変わり料理

(1)計量しておき条件確かめる　消費者に不利なチリ紙交換

俗に〝チリ紙交換〟と呼ばれる廃品回収者のあくどいやり方が全国各地で問題になってきた。資源再利用と古紙相場の高騰という社会情勢につけ込む悪徳業者が増えたのが原因。東京都消費者センターにも相ついで苦情相談が持ち込まれている。

▽事例Ａ

チリ紙交換に新聞、雑誌など約七十センチの高さのものを二つ、五十センチの高さのものを一つ出したところ、トイレット・ペーパー三ロール、ポケットティッシュ・ペーパー一個と交換された。

不満なので、「古紙は値上がりしているではないか」と責めたら「今月は値下がりした」と言い、何キログラムあったか尋ねても答えず、「奥さん、どうせ捨てるものなんでしょう」と捨てぜりふを残し、車ナンバーを確かめる余裕も与えず去ってしまった。（55年4月、主婦40歳）

▽事例Ｂ

立場を有利にする工夫が必要

一週間の間隔をおいてダンボールをチリ紙と二回交換したが、二回めの方が量が多かったのに、交換品は逆に少なかった。（55年4月、サラリーマン30歳）

▽問題点

公衆衛生の観点から条例で廃品回収業者を届出制や鑑札制にしている地方自治体があるが、取引内容の規制については何も行われていないのが現状。一方、相場が高騰すると、ただ同然で交換するもぐり業者が横行するのには、廃品回収業者の組合自体が手を焼いている。

こうした事態のなかで、苦情処理にあたった、東京都消費者センターでは次のような問題点を指摘している。

①チリ紙交換では、消費者はいわば商品の売り手になるわけだが、取引価格の情報をほとんど持っていないために、買い手（チリ紙交換業者）のいいなりになりがちである。

②取引相手についての情報も少ないため、主体的に業者を選ぶことができず、場当たり的な取引きになりやすい。

③「どうせ捨てるもの」という意識がわざわいして、売り手としての要求をはっきり言わずに取引してしまい、不満があってもがまんする。

▽具体的な対策

以上の問題点からしてチリ紙交換では、消費者が不利な立場にいるのが現実であるから、立場を有利にする工夫が必要だ。例えば、財団法人古紙再生促進センター（東京）では、次のようにアドバイスしている。

①集団回収をする

隣近所や地区ごとに集団回収をする。できない場合は、なるべく量をまとめて出す。

②業者を選ぶ

鑑札、記章などの有無、組合加入の有無（加入者の車には組合ステッカーがはってある場合が多い）などが、選択の一応の目安になる。

③交換条件を確かめる

あらかじめヘルスメーターなどを使って計量しておき、交換条件を確かめてから出すようにする。

1980年7月2週号（A版）

(1)子供より親の方に問題　自分で努力しない〝相談ママ〟
(2)ぐっと一杯ほどほどに　サラリーマン夏の保健心得
(3)吸湿性よく洗たくしやすい　タオルで作った足ふきマット
(4)夏バテ防ぐスタミナ食　豚肉のペースト料理

(1)子供より親の方に問題　自分で努力しない〝相談ママ〟

〝育児ママ〟〝教育ママ〟に続いて、〝相談ママ〟という言葉がよく使われるようになった。長年母親の相談に応じている教育研究家、砂田卓氏は、この現象を次のように分析している。

▽社会の風潮

テレビ、ラジオから新聞、雑誌に至るまで、身の上相談、人生相談、法律相談など〝相談〟ばやりである。流行するということは、多くの人がそれを利用していることだ。

昔も身の上相談は、婦人雑誌などにあるにはあったが、今ほどおおっぴらに相談する人は多くはなかった。

こういった現象は、面倒な家事は電化製品の機械まかせでやってしまうのと同様、インスタントに問題を提出し、それだけで解決したと思っている。つまり、自分で解決する努力をしないという社会の風潮が生み出したものといえる。

▽解答も自分で

相談に来る母親の中には、明らかに相談慣れした人がいる。まるで、デパートで見本の菓子を一つ口に入れるような気やすさで、相談の内容もあまり考えず、思いつきのような事を持ち込む。

また、すでに他の先生からアドバイスされて、一応答えが出ていることをもう一度相談に来る母親もいる。時には前に相談した先生の口調をまねて説明し、立場が逆になって、解答まで自分でしゃべってしまう人さえいる。

こういうタイプの母親を〝相談ママ〟と呼ぶのだが、この型の母親に限って「そんなことは子供にとってたいした問題でない」と答えると、大変不満で、一生懸命別の問題を捜して質問する。そして「お子さんは心配な状態である」というと、うなづいて満足そうに帰って行く。

きっと別の所へ相談に行くきっかけができた

こんな「相談ママ」が多い

か、夫に心配させ、関心を呼ぶ手段が見つかったのを喜んでいるかのようにみえる。

こうなると、子供の心の問題を解決する前に、母親の心の状態を直さなければならない。子供だけに問題があるのではなく、母親にも問題があるのが〝相談ママ〟である。

▽ない前向きの姿勢

もう一つ〝相談ママ〟に共通な点は、問題を見つけ出すだけで、自分の手で解決しようという、たくましさ、前向きの姿勢のないことだ。

問題をそんなに難しく考えず、まず自分の力で常識的に考えてみる。それでも解決できないときに、専門家の意見を聞いてみる。多くの人の意見を聞くことはよいことだが、要は、意見を受け入れて、もう一度よく考え納得のいく解決策をみつけ、自信を持ってそれを実行することである。

子供の心の問題は、薬を塗るとか、注射をすれば、それだけでよくなるという種類のものではない。親の心の協力が、問題を解決するカギになる。親の心の解決が、子供の心、つまり問題の解決でもある。

1980年7月2週号（B版）

(1)味よりも経済性〝おかず〟にみる世相

1980年7月2週号（B版）

(2)生後一年ごろから少しずつ　赤ちゃんの海水浴心得
(3)刺しゅうですがすがしい　夏向きのクッション
(4)＝ホーム・ライブラリー＝　①「友情夢譚」②「うみのむこうは」

(1)味よりも経済性　〝おかず〟にみる世相

総菜屋が繁盛している。共働きだけでなく、年配の主婦も買って行く。〝おふくろの味〟に象徴される家庭料理は次第に影が薄くなってゆくようだ。いわゆる〝おかず〟から世相をのぞけば—

▽全国的に調査

農林水産省ではこのほど「総菜の消費実態調査」の結果をまとめた。同調査は、全国の食料品消費モニター千二十八人（都道府県庁所在都市に住む主婦）を対象にして、昨年末に行われた。

農林水産省がなぜわざわざ〝おかず〟の全国調査をするのか、その理由をあげればつぎのとおりであって、まさに世相がにじみ出ている。

所得水準の向上と平準化、核家族の進行、消費者のニーズの多様化、婦人の職場進出などによって家庭における加工食品の消費が増加した。なかでも総菜の消費の伸びが著しい。

そこで、総菜産業の経営近代化と品質向上を計り、流通、販売方法の改善のための基礎資料を得る目的で総菜の消費実態を行った。

▽二十代は二七％

調査対象者の平均家族数は三・九人、月平均食料費は七万九千五百円、市販総菜への月平均支出額は四千八百円であった。

平均より二倍以上も支出している（月平均一万円以上）人は全体で一三％であるが、年代別

市販の〝おかず〟を買う主婦が増えた

にみると二十代では二七％で四人に一人強、五十歳以上も一六％で平均を上回っている。つまり市販総菜は若い主婦と高年齢の主婦によく利用されている。

▽間に合わせ料理

購入する理由は次のとおりであった。単位パーセント、複数回答。

作るより安上がり六七・三、忙しいため五七・四、近くに売る店があるから三〇・七、家庭で作れないものがある二九・七、味のよいものがある二六・七、すぐ食べられる一五・八、作るのが面倒だから一三・九。

味よりも経済性や利便性に着目する人が多く、利用の仕方も市販の総菜だけで食事も済ます人は非常に少なく（3％）、ほとんどの人（八二・四％）は手作りものと組合わせて利用している点からして〝間に合わせ料理〟のイメージが強い。

▽トップは中華風

好んで購入される料理を種類別にあげれば（複数回答）、トップは中華風六〇・五％（ぎょうざ、しゅうまい）、和風三六・三％（焼き物、煮物）、洋風三五・五％（フライ、サラダ、肉料理）。

購入する店はスーパー五四％、一般小売店二一％、デパート一八％、家庭の手作りに比べて「まずい」と答えた人は約半分（四六％）で、

「おいしい」はわずか三％だった。

1980年7月3週号（A版）
(1)夏休みの家庭教育指針に　一年生の通信簿の受けとめ方
(2)製氷室では数日間　冷凍食品の保存に注意
(3)ぬるま湯で手早く洗う　型崩れしやすいサマーニット
(4)便利な子供用整理かご　かん詰めセットの空きかごで

(2)製氷室では数日間　冷凍食品の保存に注意
製造されたときから家庭で調理するまで一貫して正しい温度に保たれていなくてはならないのに、肝心の家庭での扱いが悪く、せっかくの冷凍食品の良さがだいなしになっているケースが多い。社団法人、日本冷凍食品協会では次のようにアドバイスしている。
▽冷凍庫なら一～二カ月
買ってきたら摂氏マイナス十八度以下に保てるフリーザー（冷凍庫）で保存する。フリーザーで保存した場合、最初の品質がそのまま保たれる期間は（注）のとおりだが、流通過程を考えると、買った時から一～二ヵ月は味、栄養、風味がそのまま保たれると心得ておくとよい。
▽製氷室では数日間
電機冷蔵庫の製氷室でも数日間は保存できるが、品質を落とさないためには、なるべく早くに食べること。
▽包装の破れに注意
包装を破ってしまったものや一部を使った残

りを保存するときは、包装のままポリ袋などでしっかりくるみ直してフリーザーに入れておく。包装が不完全だと乾燥や油やけを起こして品質がそこなわれてしまう。

▽食べる量だけ解凍

いったん解凍してから再びフリーザーに入れても緩慢凍結だから品質が低下する。そのうえ解凍したものを入れると他の冷凍食品の品温を上げて品質を悪くしてしまうので、一挙両損になる。必ず食べる量だけ解凍すること。

冷凍食品は包装を完全にしてフリーザーへ入れておく

▽注　フリーザーで保存した場合、最初の品質がそのまま保たれる期間。単位は月。

（魚介類）多脂肪のもの＝八、少脂肪のもの＝十二、生のえび＝十二。

（肉類）ローストビーフ＝十八、羊肉＝十六、ローストポーク＝十、ローストチキン類＝十。

（野菜）インゲン、サヤインゲン＝十二、軸つきコーン＝十、グリーンピース＝十六、カボチャ類＝二十四、ホウレン草＝十六。

1980年7月3週号（B版）

(1)ひとことが決定的に影響　親が子供の通信簿を見るとき

(2)スマートにこざっぱりと　中年太りをカバーする法

(3)日差しに合わせて調節　日曜大工で作れ

(4)食欲を呼び起こす　さっぱりした夏の即席づけ

る涼しい日よけ

(1)ひとことが決定的に影響　親が子供の通信簿を見るとき

親に通信簿を見せるときの心理は、自分の子供時代を思い出せばだいたい想像できるはずなのに、つい思いやりのない言葉を言ってしまい、子供心を傷つける親が多い。通信簿を受け取って見る瞬間こそ、子供に決定的な影響を与える大事な教育的チャンスなのである。チャンスをつぶさないためのタブーをあげてみた。

▽「やっぱり私の子ね」

成績が上がっていると、「やっぱり私の子ね、このくらいの点をとって当たり前よ」と、あたかも自分のせいにする親が少なくない。ほめたつもりだが、血縁の宿命を強調するあまり、子供の努力を無視したことになる。

「あなたは、よく算数を勉強したから、こんなに上がったのよ」とか、「このごろなんでも食べるから、丈夫になって体育の点がよくなったのね」とか、率直に子供の努力を認め、ほめる心掛けがたいせつ。この瞬間の親のひと言が、「よし、二学期もがん張るぞ」になるか、「チェッ、一生懸命やったのに、お母さんのせいにするなんて、バカバカしい」になるかの決定的瞬間になる。

▽「兄さんのくせに」

兄弟の通信簿を見比べて、兄が悪い場合「兄さんのくせに」としかったり、弟が悪い場合「兄さんをごらん」とハッパをかけがち。親はいまいましさも手伝って、深く考えないで感情的にいうのだが、この親の言葉ほど、敗北感、

ひとことが決定的に影響する

劣等感を与えるものはない。

単なる劣等感にとどまらず、兄は権威失墜からくる無気力、弟は「いつも兄さんの肩ばかりもって」という反抗心をかき立てられ、人格形成に大きく響く。

「算数は悪いけど、いろいろ工夫するのが得意だから、技術工作がいいのね。兄弟でも得意は違うものよ」と、兄弟を比較したらまず互いの長所を強調することを忘れないようにする。兄弟ゲンカで「ヤーイ、おまえ算数できないじゃないか」と弱点をつかれたとき、「兄弟でも得意が違う」といってくれたお母さんの言葉ほど、救いになるものはない。

▽「やっぱりだめね」

通信簿の評点は相対的なもの。努力して実際には学力は上がっていても、クラス全体のレベルが上がった場合は、努力の結果は評点には現れない。「やっぱりだめね」の親の言葉は、子供の努力を正しく評価してやらないことになる。「どうせ勉強してもむだだ」と子供は意欲を失い、あきらめてしまう。

人生には、いくら努力をしても報われない非運はつきもの。しかし努力は結果によって評価されるものでなく意欲を燃やして前向きに取り組むことに努力の尊さがある。このことを教えるチャンスを、「やっぱりだめね」は、みずから放棄するのに等しい。

また、努力もその方法、指導がまずいと、十分な効果をおさめることが出来ない。「どんな参考書がいいかしらん」と、努力を続けさせる配慮が、何よりも望ましいのである。（教育評論家、吉川智雄）

1980年7月4週号（A版）

(1)自然観察と部屋飾りに　一石二鳥の海草標本づくり
(2)やたらに薬を塗らない　レジャー中の応急処置
(3)大切にするしつけに役立つ　手作りのキャンデー入れ
(4)夏バテ防ぐスタミナ食　メキシコ風レバーステーキ

(2)やたらに薬を塗らない　レジャー中の応急処置

山や海のレジャーには、ちょっとしたけがはつきもの。あわてて処置を誤らないための心得をまとめた。

▽応急処置の三原則

①傷を汚さない。出来れば水道水（塩素消毒されている）のようなきれいな水で、傷を洗い清潔なガーゼなどでおおって早く医師に見せる。

②出血のあるときは、きれいなガーゼ、ハンカチなどを当てて強く押える（直接圧迫止血法）。それでも止まらない場合は止血点でもある耳の前、下あご、わきの下、上腕内側、ひじの内側のへこみなどを押える（間接圧迫止血法）。最後の手段は包帯、ベルト、ネクタイなどでしばるが、止血したらそれ以上きつくしめ

傷を汚さないように

ないように注意する。

③傷口には軟こう類やその他の薬をつけないで、医師に見せるようにする。

▽三つのタブー

①傷口の上に綿をのせない。

細かい綿の繊維が残って治療の邪魔になる。ばい菌が入り化のうする原因にもなる。

②やけどは薬を塗らない。

塗った薬の下にしみ出た液がたまって化のうを起こしやすくなる。熱傷は痛みがとれるまで冷やすことが応急処置の第一。水ぶくれができているときは、水をかけるとつぶれる心配があるので、くんだ水の中に局部をつけるか、冷水をしませたタオルをあてがう。

③傷に異物が入ってもむやみにとらない。

水洗いしてもとれない場合は、そのままにして医師に任せた方が症状を悪化させる危険がない。特にトゲ、ガラスの小片などあまりいじってしまうと、あとの治療が厄介になる。

④種類の違う消毒薬を重ね塗りしない。

それぞれの成分が化学反応を起こして、衝動作用を弱めたり、炎症を引き起こすことがある。

1980年7月4週号（B版）

(1)若年はお遊び中年は格好　下着調査にの

ぞく女心
(2)「した」「行った」はだめ　夏休みの日記指導法
(3)二重ばちや腰水法で　はち植えの留守対策
(4)甘辛、栄養バランスよく　食欲そそるひと口にぎり

(1)若年はお遊び中年は格好　下着調査にのぞく女心

かなり親しい人にも「どんな下着を」とは尋ねにくい。人目を避けるのがマナーだから、さりげなく〝偵察〟するのも容易でない。しかし〝おしゃれは下着から〟といわれるとおり、着こなしの上手下手は下着次第だ。いったい、どんな下着をどのくらいもって、どんな風に組み合わせて着用しているか？

▽ブラジャーは五枚

このほど日本女子大学衣生活研究会では、東京都及び周辺各県、寒冷地（北海道）、温暖地（九州、中国）の三地域の都市に住む十代〜六十代までの千人の女性を対象に、下着に関するアンケート調査を行った。種類別の所持枚数の概要は次のとおりだ。

○ブラジャー

（バンドタイプ）十〜三十代は五枚、四十〜六十代は三枚が最も多い。

（ロングラインタイプ）所持者のほとんどは二十〜四十代に限られ、一〜二枚は持っている。

（ハーフカップタイプ）平均一枚が最も多い。また、二十代が圧倒的に好んでいる。

（ストラップレスタイプ）これもやはり十〜二十代が、一〜三枚と一番多い。

○ガードル

種類豊富な下着売り場

（ショート）各世代とも所持しているが、平均二枚が最も多い。

（スタンダード）四十〜五十代に二枚所持する人が多く、十代及び六十代は少ない。

○ボディースーツ＝各世代とも全般的に所持者は少ないが、四十代が一〜三枚と最も少ない。

○ペチコート＝世代が上がるに従って多くなる。十代は一枚、二十〜五十代は二枚、六十代は三枚。

○スリップ＝これも世代が上がるほど多く持っている。四十〜六十代の五枚が最も多い。

○ブラスリップ＝各世代とも二、三枚所持しているが、所持率では三十代が最も高い。

○パンティー＝六十代は五枚、他の世代は十枚、若年層では十五〜二十枚所持もみられる。

○ビキニショーツ＝十代、二十代が最も多く十〜十六枚で、年代が上がるに従って少なくなる。

▽中年の外出にはガードル

寒暖に関係なく組み合わせ方の地域差はほとんどみられず、最も多い夏のふだん着の組み合わせは、十〜三十代は、パンティーにブラジャーで、四十代になるとそれにスリップが加

1980年7月4週号（B版）

わる。五十～六十代では、パンティーでは、パンティーにスリップだけ。

夏の外出着としては、十代は、パンティーにブラジャー、二十代はそれにペチコートが加わる。三十～五十代では、パンティー、ブラジャー、ガードル、スリップの組み合わせかまたは、パンティー、ガードル、ブラスリップとの「組み合わせなど、ガードル着用者が多くなり、中年太りで体の線が気になる悩みがうかがえる。

六十代は、パンティー、ブラジャー、スリップという組み合わせが多い。

▽お遊びから実用へ

以上のような結果から同研究会は、若い世代ほど、ハーフカップやストラップレスブラジャーやビキニショーツなどのように、おしゃれを楽しむためのお遊び的に下着を選び、三十代以上になるとボディースーツやガードルなどで、体を美しく見せる目的が加わり、世代が上がるにつれて、健康保持や汚れ防止のためにという実用性が重視されていく傾向がみられる、と結論している。

1985年8月1週号（A版）

(1)散歩や買い物はげたで　夏はへん平足治す好機
(2)同じ言葉でしかる　小犬の選び方、飼い方
(3)オリジナルの個性美　貝殻で作るアクセサリー
(4)形と甘味を生かす　豪華なバスケットサラダ

(1)散歩や買い物はげたで　夏はへん平足治す好機

へん平足を苦にしている人が増えています。歩きづらく、頭痛や肩こりの原因にもなり、さらに心理的コンプレックスで生活全般を暗くしています。はだしになりやすい夏こそ、へん平足を治すチャンスなのです。

▽運動不足と肥満

乳児や幼児はみなへん平足です。足の筋肉がついてくるに従って土踏まずができてくるのが普通です。まれなケースとして、陸上競技の短距離選手にへん平足が見られることがありますが、早く走るためのトレーニングの厳しさからくる適応の一種と考えられます。

普通の人の場合は、足を鍛練する機会が少なく、肥満した体荷重を支える力が弱くなって、へん平足になっていることが多いのです。そして、長い距離を歩くのがつらいので、自然と歩かなくなり、いっそう肥満に拍車をかけるという悪循環に陥ってしまいがちです。

▽なるべくはだしに

靴の土踏まずに当たる部分に、三角形の固い

ものを入れて歩くなどの工夫をこらしている人もいますが、余り効果があるとは思えません。子供のころから慣れない靴をはかされ、足の自由を拘束されていることへの反省がへん平足対策の基本になるべきです。そのためにははだしの生活時間をなるべく長くもつことです。はだしでのつま先立ち歩きをひんぱんにとり入れることが大事です。

　また、近くの散歩、買い物にはげたをはいて行くようにするのは効果的な対策です。サンダルや突っかけではなく、鼻緒のついたげたの方が足の指の運動量を大きくしてくれるのでへん平足の予防や矯正にもよいのです。

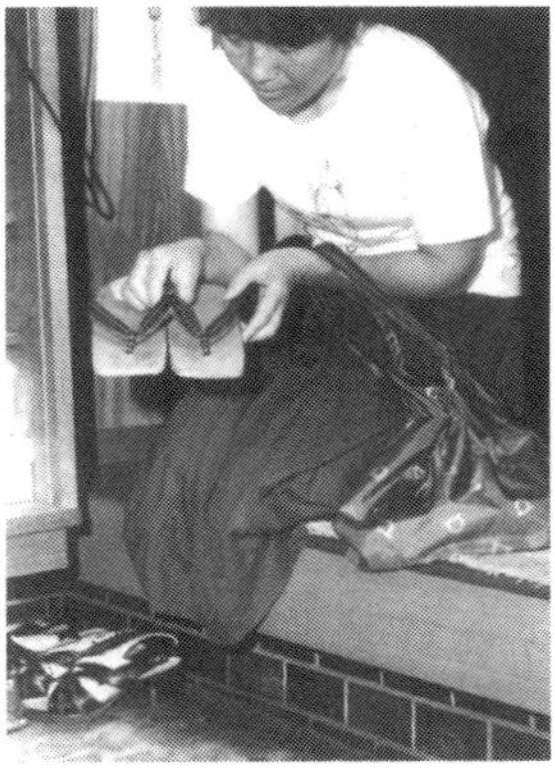
げたもへん平足対策の一つ

　海や山など自然との触れ合いの場では、危険がなければはだしで海辺を散歩したり、朝露のおりたあぜ道を歩いたりすることも非常に有効です。

▽矯正体操をする

　はだしで平均台の上を歩いたり、ろく木を伝い歩くなどの運動も矯正効果をもたらします。簡単にできる運動を紹介しましょう。

　①机に片手をついてバランスが崩れないようにして、思い切ってつま先立ちをします。次に、やや腰を落とし足を開いてO脚になりながら、足裏の外側（小指の側）だけを足先の方から次第に床につけてゆきます。かかとまでついたときがもっともO脚が開き、腰が落ちた姿勢

になります。
②次にかかとから足裏の内側（親指の側）を床につけてゆき、最後は始めのつま先立ちの姿勢に戻ります。この運動を一日、五回ぐらい繰り返すことによって、かなりのへん平足の矯正効果を上げることができます。（健康コンサルタント・有安克彦）

1985年8月1週号（B版）

(1)年代によって特色　サラリーマンの休日
(2)涼しい所でだれでも　夏むきの亜鈴運動
(3)シック・アンド・バロック　秋のアクセサリー傾向
(4)ほどよい酸味と香り　食欲そそるトマトライス

(1)年代によって特色　サラリーマンの休日

「夏休みだから」と子供に外出をせがまれて、せっかくの休日がフイになるたびに、休日の過ごし方を改めて反省するサラリーマンが少なくないはず。そこで、反省のよりどころに……

▽一位はテレビ

富士銀行が今年六月、二十代～五十代のサラリーマン七百六十三人（平均年齢三十七・九歳）に「週末に関するアンケート調査」を行い、ふだんの週末、つまり休日を「どのように過ごしているか」と質問したところ、回答のベスト7はつぎのとおりだった。（複数回答、単位パーセント、以下同）

テレビを見る五四・三、ゴルフ三四・三、ごろ寝二九・〇、読書二二・七、買い物二一・九、ドライブ一八・五、七位は一三・〇の同率で園芸・庭いじり及びパチンコ。

▽年代ごとに特色

やはりよく言われているように「テレビ」と「ごろ寝」の休養派が圧倒的に多いのだが、この二つ以外に何をして過ごしているかを、年代別にみると、次のようにそれぞれの特色があった。

（二十代）ドライブ二〇・五、ゴルフ一八・一、テニス一六・五、野球・ソフトボール一三・四と屋外での行動的レジャーが盛んだが、自己研修も一〇・二で、つまり勉強家も十人に一人いる。

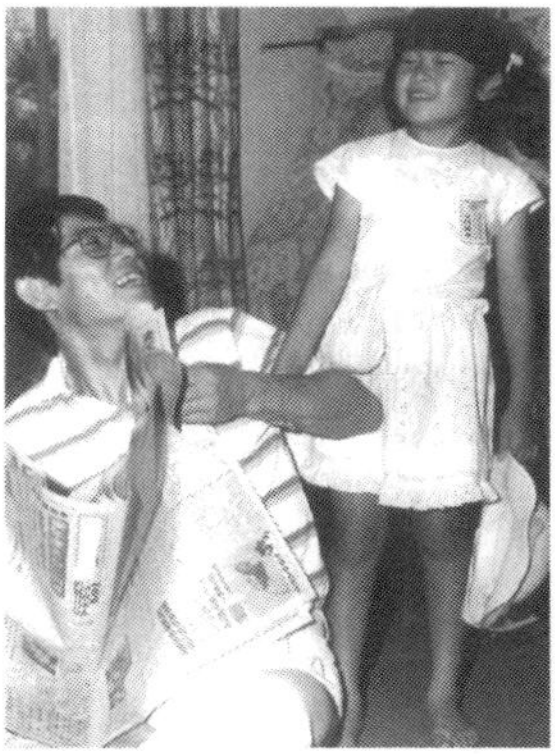
「パパ行こうよ」ごろ寝したいのだが……

（三十代）ゴルフ三五・一がトップだが、家族同伴の買い物二七・三とドライブ二一・四が上位を占め、他の年代に比べて家庭サービスのウエイトが高いのが特色。

（四十代）中堅管理職としての付き合いのためかゴルフが四三・二の高率である反面、買い物一六・七、ドライブ一四・六と三十代に比べてぐっと家庭サービスが少なくなっている。

（五十代）四人に一人（二五・四）が読書をしており、管理者としての責任上、熟読と熟考が求められていることがうかがえる。まだジョギング一一・三、ハイキング五・六、サイクリング五・六と持久力を養うスポーツが、他年代よりも多かった。

さらに休日でも仕事かアルバイトをする人が十人に一人以上（一一・三）もおり、この比率は四十代（五・二）の倍以上であり、定年後に備えねばならない高年齢化社会の厳しさが察せられる。

1985年8月2週号（A版）

(1)オヤジよ、楽器を弾け　家庭の雰囲気も一変
(2)意欲的にする対策を　夏休みの中だるみ
(3)ライフスタイルにぴったり　エプロン・ア・ラ・モード
(4)夏バテ回復に　カボチャのひき肉焼き

(2)意欲的にする対策を　夏休みの中だるみ

宿題にも遊びにも意欲的でなくなり、なんとなく一日を過ごす子供に、はがゆい思いをする親が多い。いわゆる夏休みの中だるみ現象であるが、ここよりもこんな対策を。

▽どしどし用事を

子供の能力からみて多少、難しいことでも、努力すれば出来そうな用事を選び、どしどしさせる。出来具合いよりも努力過程を評価し、うまくやり遂げたら大いに褒める。

とかく子供にさせて、あとでやり直さねばならなくなると、かえって面倒と親は考えがちだが、「自分でも出来る」という自信をつけ、新しい行動意欲を起こさせる教育的効果を重視すべきだ。

▽競争心をあおる

友達と競争させるのも意欲を起こさせる効果的対策である。かけっこ、相撲やトランプなどの室内ゲームなど、要は子供が面白がって熱中することで競争させることが大切。

ただし、競争相手が強過ぎたり、極端に弱

かったりすると、競争心が起きなくて効果が上がらないから、勝ったり、負けたりする手ごろの相手を選ぶことがこの対策のポイントだ。

▽冒険させる

水泳や木登りなど子供自身がやりたいのに、しりごみしていることを、冒険的にやらせるのも意欲を育てるためには必要だ。

この場合、あまり無理じいして子供にショックを与えたり、かえって恐怖心を起こさせないようにする注意が大切だ。上手な子供と一緒にやらせたり、親自身が冒険に加わって励ますとよい。

（教育評論家、稲垣公司）

「負けないぞ」競争心で意欲をかき立てる

1985年8月2週号（B版）

(1)着飾らず体力本位に　楽しい家族旅行三ヵ条
(2)眠りと汗の関係を知る　乳幼児の〝寝冷え〟防止
(3)花がいっそう映える　空き缶利用の花器
(4)暑さ負けしない　スタミナおやつ

(1)着飾らず体力本位に　楽しい家族旅行三ヵ条

夏休みに家族旅行をする家庭が多いが、「ああ楽しかった、まだ来年も」と満足できるためには、次の三点を忘れてはいけない。

▽ふだんの服装で

めったにない行事だからと着飾ると、腰をおろして休みたくても、服が汚れるので我慢したり、食べこぼしに気を使ったりして、必要以上に心身が疲れてしまう。少しぐらい汚れても平気なふだんの服装で出かけることが大切。

うわべの体裁よりも、気象の急変に備えて、かさばらないセーター類や予備の下着類をもって行く。さらに少しぐらいはめを外して汚して

「ママ、疲れちゃった」家族旅行は体力を基準に

もよいように、幼児の着替え服を用意しておくと、はしゃぐたびにしかって楽しい雰囲気をこわすことがなくなる。

▽体力の弱い者を基準に

費用と所用時間だけでコースを選ぶと、例えばバスに長時間乗ることになり、車に酔いやすい子供がぐったりして、介抱で旅行を楽しむどころではなくなりやすい。

家族の中で最も体力のない者を基準にしてコースを選び、場合によっては費用が余分にかかっても乗物を変えたり、途中で休憩したりする。病人ができてみんなが暗い気分で旅行せねばならなくなることを考えると、決して無駄な出費ではない。

▽期待しすぎない

ポスターやパンフレットには、景色にしても旅館の部屋にしても、最上のものが掲載されて

いる。料理などの旅館のサービスぶりを示した写真も、そこの最高料金の場合が普通である。宣伝を信じすぎて行くのは、がっかりしに行くことになりかねない。

有名地を見物することだけを期待して行くと、不運にも悪天候だとがっかりさせられるから、必ず代案を用意しておき、臨機応変に目的地を変更する。

家族そろって、日常生活で味わえない体験をすることが、家族旅行のよさであるから、景色やサービスにあまり期待をもちすぎないことが、結局は、期待を裏切られた不快をもたずに済み、楽しく旅行できることになる。（レジャーコンサルタント、村上純治）

1985年8月3週号（A版）

(1) 運動兼ねて自己判定　あるようでない壮年体力

(2) 「あれっ」と驚かれる　十歳若返るヘアスタイル

(3) 洗面所が広く使える　棚代わりの小物入れ

(4) まるごと食べられる　小アジの酢油煮

(2) 「あれっ」と驚かれる　十歳若返るヘアスタイル

孫がいるのだから仕方ないのだけれど、面と向かって「おばあさん」と呼ばれたくないのだったら、十歳若返るヘアスタイルを工夫するに限ります。たとえばこんな風に……

▽ポイント

どんなヘアスタイルの場合も、よくブラッシングをしてきっちりくし目を通しておくことが、若々しく見せるポイントです。

もう一つのポイントは、カールやウェーブを生かして、前髪を上手に扱うこと、つまり額を出したり隠したりしてイメージチェンジすることです。

▽フェミニンに（写真①）

セミロングの場合は全体に逆毛を立ててふんわりさせ、前髪の大きなカールで額を隠して、サイドは耳もとをそつと吹き過ぎてゆく風のように自然に後ろに流します。

▽シンプルに（写真②）

ていねいにブラッシングして前髪のウエーブをきわ立たせ、額をくっきり出してサイドはつめ気味に後頭部でピンでとめ、全体をシンプルにスポーティにまとめます。

いかがですか？　どちらも若々しく、しかも別人のようにイメージチェンジしていません

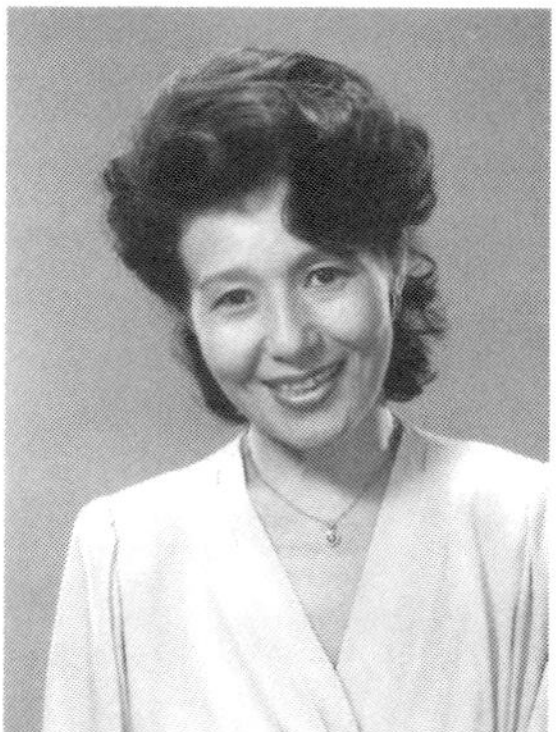

①フェミニンに

②シンプルに

か。「あれッ」と相手に目を見張らせることが、十歳若返る秘けつなのです。

（美容家、ジェニー牛山）

1985年8月3週号（B版）

(1)＝ファッション時評＝「ハンドバッグ異変」
(2)脈が増え過ぎたら休憩　秋に備えるスポーツ心得
(3)そろいのポーチつき　活動的なキュロット
(4)あっさりした甘さ　スイカシャーベット

(1)＝ファッション時評＝「ハンドバッグ異変」

女性の手元に、いま、ちょっとした異変が起きている。

秋物が動き始めた猛暑の中の問屋街でも、「このところ、輸入ものブランド・バッグの売れ行きがさっぱりですわ」の声が、経験豊かな問屋マンの間でささやかれていた。

中曽根首相の「皆さん、舶来品を！」のハッパも、バッグ界ではむなしく響いているということになる。従来からのいわゆるハンドバッグの人気が下降して、それに代わって、袋物を中心としたファンシー・バッグが、ナウなおしゃれには欠かせないアイテムとなってきたのだ。

問屋さんの嘆きを片側の耳に残して、いま一つの耳と両の目をバッチリあけて女性達の手元を追ってみた。電車やバスなど乗り物の中に、バーゲンセールたけなわの街頭に……。

その面白いこと、電車はひと駅やふた駅は乗り越しそうになってしまうし、ショッピング街

いまやハンドバッグ異変に

は歩いても歩いても退屈しない。市場調査マンになった気分、年齢とファッションと時と場所別、女のバッグの統計を出したくさえなってくる。

一昨年あたりまでは、若い女性は十人が十人といっていいほどカゴのバッグを持っていた。それが今夏はかなり下火、布製のバケツ型の袋や、ソフトタッチの大きな旅行用バッグを、中身をぺっちゃんこにした状態で肩に引っ掛けてみたり、逆にうんと小さなウエスト・ポーチやポシェット、ビーチ風バッグが目につく。十人十色という感じ。

ミセスの間にもかなりな度合いで袋物やファンシー・バッグが浸透しており、黒や白のおしゃれっぽいビニール袋は今夏の特徴。金や銀のレースやフリル、リボンや花がオーバーなデザインでついている。

買い物の折りに品物を入れてもらうペーパー・バッグ、あの持ちよさを、布や袋に変えておしゃれっぽく変身させたものや、タオル地と布を組み合わせたキンチャク型も結構な人気。

それでも時には、ブランド・バッグやかっちりしたデザインのごく当たり前のハンドバッグを持っている女性にもお目にかかる。でも、それは、多くの場合、中年か熟年のミセス達である。

女のバッグは、服と切っても切れない仲にある。ファッションがオーバー・サイズのルーズなものになってくると、手に持つバッグが気取りのない、値段の安い、持ちやすくて体になじむものに変わってくるのは当然である。

ドレッシーな花柄か何かのワンピースでも、女の体を横切るバッグは、軽くて苦にならないものが〝美学上〟からも美しいし、絵画的である。

しかし、最近のバッグ異変は、女性達が気付こうと気付くまいと、女性達が、女の七つ道具ならぬ女の心をバッグに入れ込むところから来ている。かっちり決められた型に女心を入れるのはにが手なのである。おおらかで、自由で、楽で、変幻自在、そして美しい、そんな〝袋〟がほしいのだ。

（服飾評論家、三田紘子）

1985年8月4週号（A版）

(1)入学時の緊張取り戻す　小学一年生の二学期準備
(2)耳の生理を無視しない　小型スピーカーの置き方
(3)どっさり入り実用的　古ジーンズをバッグに
(4)風味豊かなたれで　ささ身とナスの冷菜

(2)耳の生理を無視しない　小型スピーカーの置き方

小型でもよい音が出る左右二個のスピーカーの間に、アンプやカセットデッキなどをコンパクトにセットした、いわゆる〝ミニ・コンポ〟がステレオ装置の主流になってきたが、小型で

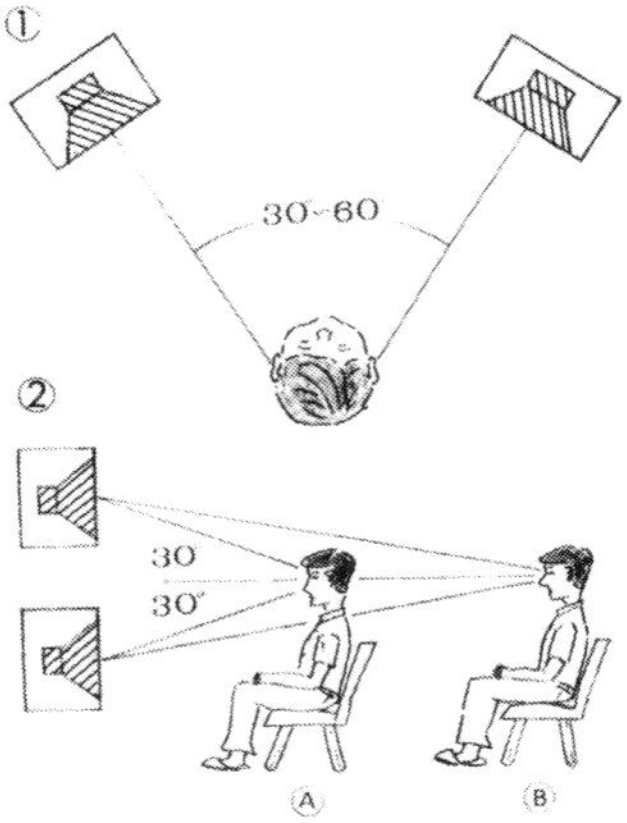

スピーカーはなるべく耳の高さに

どこにでも置けるからこそ、耳の生理にかなった置き方をすることが大切だ。その生理とは——

▽左右に離す

スピーカーの音は耳で聞くという当たり前のことが、実際には無視されて、スピーカーは見栄えのするように置く、つまり目の生理を重視したり、他の家具とのつり合い、つまり住み心地の心理を重視して置かれがちだ。

耳の生理に従うのならば、左右のスピーカーは、耳とスピーカーを結ぶ左右の線が、約三十〜六十度の角度で交わるように（図①）、置くことが望ましい。六十度以上だと音がぼやけ、三十度以下だとステレオ効果がなくなる。

ミニ・コンポは、たいていスピーカーは分離できるようになっているが、見栄えにとらわれて左右に離さず、耳の生理を無視して置かれている場合が多い。

▽耳と同じ高さに

コンパクトだから床、棚、机の上とどこにでも置けるが、耳の生理からすれば、スピーカーと耳を結ぶ直線か、耳の高さに引いた水平線と、約三十度以内の角度で交わるように（図②）、置き場所を選んだ方がよい。

音は高音になるほど指向性が強いから、耳とスピーカーの高さが違いすぎると高音域が十分に聞えず、音のバランスが悪くなってしまう。理想はなるべく耳と同じ高さにスピーカーを置くことである。

ただし、この角度はスピーカーから離れるにつれて小さくなるから（図②のAからB）ただ床からの高さだけで、高低の適否は判断できない。また床に座って聞くか、いすに腰かけて聞くかなど、聞く姿勢で条件が違ってくるから、どの場所で、どんな姿勢で聞くかを考えて、スピーカーの置き場所を決めることが大切だ。

（オーディオ研究家、音羽貴志）

1985年8月4週号（B版）

(1)葉焼けや蒸れなど　鉢植えの夏バテ治療法

(2)テーマはエスニック調　秋～冬のファッション

(3)下ごしらえが大切　おいしいモツ料理

(4)＝ホーム・ライブラリー＝　①「アイデアがいっぱい」②「日の出マーケットのマーチ」

(2)テーマはエスニック調　秋～冬のファッション

ことしの秋から冬にかけての、大きなファッションテーマの一つは、エスニック調、つまり長い年月がつくりだした民族衣装の伝統美を取り入れることです。そこで、ファッション・コーディネーターの加藤恵美子さんに、だれにでも楽しめるエスニック調の装い方を教えてもらいましょう。

▽ジャワ風に（写真①）

オレンジの更紗（さらさ）模様のビッグス

①ジャワ風に

②アラビア風に

カーフ（百八㌢）を三角形にたたみ、ジャワやフィリッピンのスレンダンのように、両肩をすっぽり包み、前で二、三回からませて止め、片端は花びらのように広げます。

▽アラビア風に（写真②）

レインボーカラーのストライプのロングストール（三十㌢×百六十㌢）を、アラビアの遊牧民風に頭から首にかけて巻きつけ、前に垂らした両端のフリンジを結び合わせて軽く額を包むようにすると、ずり落ちませんし、エスニックなムードになります。

1989年9月1週号（A版）

(1)＝社会時評＝　夫婦単位のつきあいを　高齢化時代に備えて
(2)大胆にはおる　ビッグスカーフ
(3)重宝な〝忘れな箱〟「敬老の日」の贈り物
(4)魚嫌いの人にも　イワシのシソ焼き

(1)＝社会時評＝　夫婦単位のつきあいを　高齢化時代に備えて

去る六月、十数年前に三年間ほど住んだ、カナダのバンクーバーを久しぶりに訪れた。そして、友人の家に数日泊めてもらった。

その家は夫婦だけで暮らしているのだが、私が滞在している間にと、前に親しくしていた共通の友人夫婦を三組ほど家に招いてくれた。

幸い、どの友人も夫婦そろっていて、昔と変わらぬ親しさで集まってくれたのもうれしかったが、日ごろから夫婦単位でつきあっている姿を見て、うらやましく感じた。

この友人たちに年齢を聞いたことはないが。夫たちは皆、定年退職しており、妻の方も六十歳前後と思われる。

三年前に訪れたときと変わったことは、そのうちの一人、ケンが、一年ほど前にショッキングなことがあったとかで、あれだけ面白い冗談を言っていた人が無口になっていた。それだけでなく痴ほう状態になっていた。

けれども、友人たちは、昔と変わらず友人の一人として扱い、妻のベティも安心しておしゃれをして、久しぶりのパーティを楽しんでいた。

こんな夫婦ぐるみのつきあいを

聞くところによると、マイケルとセシル夫婦が協力して、一週に二回、自分では何もできないケンを連れ出してプールで運動をし、ケンを置いては外出もできない妻のベティは、その間に買い物など用足しをしているとか。友人ならではの助け合いをしていた。

ケンの顔を見て涙がこみ上げてきそうになるのは私だけで、他の友人たちは、何ごともないように、温かく包みこんでさざめきあっていた。

「夫婦単位でつきあうのは外国の習慣」とは片づけられない時代が日本にも来ている。少しずつ年をとっていくとき、頼りあえるのはまずつれあいであろう。しかし、二人だけでは寂しい。同じようなカップルと、日常からつきあっていれば、楽しい会合にも行けるし、気兼ねなく訪ねあえる。困ったことが起きても、立ち場が同じだけに、すぐに分かって手をさしのべてもらえる。

と言っても、年を取ってから、急に夫婦単位でつきあえる友人をと考えても、なかなかしっくりはいかないであろう。

妻同士が学校時代の友人であるとか、子供のＰＴＡでの知り合いでも何でもよい。若いうちから、夫婦でつきあうように心掛けてみてはどうであろう。
高齢化時代の到来は誰でも覚悟している。その対策に、特養ホーム、デイケアなど、公私を問わず、高齢者の受け皿を種類多く作ることは大切である。また、老齢年金の増額を願い、個人で年金の準備をする人も多い。しかし、物理的条件整備だけでは本当に幸せな日は送れない。

（評論家、南和子）

1989年9月1週号（B版）

(1)必要な三つの対策　老後生活費の算出法
(2)手早く上手にかける　アイロン七ポイント
(3)気分を変えて　秋のロングヘア
(4)カボチャをあんに　変わりゴマだんご

(1)必要な三つの対策　老後生活費の算出法

平穏な老後を過ごすには何千万円必要であるかなど、計数的な金額の論議が先行しているが、人それぞれ生活の仕方が違うように、その金額も違うはず。東京都立大学、岩田正美助教授は次の視点で老後の生活設計することをアドバイスしている。

▽大事な前提条件

老後の生活費を算出する上で、「子供と同居するか、別居するのか」というのが一つのポイントだが、同居しても必ずしも扶養されるとは限らないし、たとえ同居しても、家計は別と覚悟しておく方が、子供との関係をスムーズにさせることにもなる。

そこで、どんな状況になろうと、自分の身は

この楽しみの費用も……

自分で処するという心構えが大事な前提条件になる。

▽生活方式も考える

では自分の身を処する費用はどのくらい必要かを算出する方法は、食費や住居費といった最低限の生活費に、老後をどのように過ごしたいか自分の生活スタイルによって、交通費、被服費、交際費さらに医療費といった費用をプラスする。

それには、現在の生活ぶりを抜きには語れない。例えば、社交的な人は、たとえ年をとってもやはり社交的だから、他の人より社交費がかさむ。

また、子供がいないあるいは別居のケースは、世帯維持費（住居費、光熱費など）が老後は大きくなるし、マンションなどの集合住宅に住んでいるケースは、建て替え問題が起きることを予想しておく必要がある。

▽三つの対策

老後の生活費を確保するには、三つの対策が挙げられる。

①巣立ちを誤らない

まず子供への支出をどこまでするかが問題になる。ある年齢までは、子供の教育費にかなり費やされるが、最近では、子供が結婚しても援助する親がいる。

高校卒業まで、あるいは大学卒業までをひとつのめどにし、巣立ちを誤らないようにする。これはひいては子供にとっても生活の訓練になるはずだ。

②賢い消費者になる

老後になればなるほど、むだな買い物は許されない。特に介護用品など高額だ。そのためにも今から、よい商品を選ぶ目を養っておき、コマーシャルやセールスにだまされないように賢い消費者になることだ。それが、老後を快適に暮らす条件でもある。

③付き合いもほどほどに

年をとれば、どうしても医者にかかることが多くなるが、入院する度にお見舞いや快気祝い、謝礼といった付き合いは負担になる。このような付き合いや習慣は、自分なりに変えていくことも、生活の知恵であり、これが、第三の対策になる。

1989年9月2週号（A版）

(1)もしや、あなたも……　OLに多い不定愁訴
(2)職場をもっと快適に　センスアップの目で
(3)ブラシや消しゴムで　夏物の汚れの取り方
(4)野生味たっぷり　ラムのプロシェット

(1)もしや、あなたも……　OLに多い不定愁訴

黒く日焼けして夏休みの楽しい思い出を話し合う若いOLたちの中に、なんとなく体がだるい、気分がすっきりしない……といった不定愁訴の患者が、目立って増えているのが、ここ

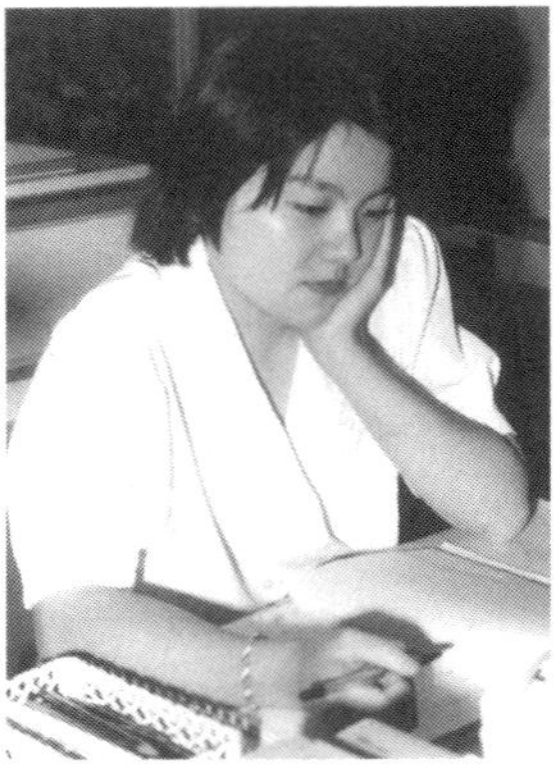
こんな表情は不定愁訴の表れ

二、三年来の初秋の傾向だ。

▽レジャー後遺症

不定愁訴の第一の原因は、夏のレジャーの後遺症である。例えば、不定愁訴のＯＬに多い口唇（こうしん）ヘルペスが、このことを裏づけている。

口唇ヘルペスはくちびるの周りにプツプツと湿しんができる症状をいうのであって、体力が低下して、ビールスに対する免疫性がなくなって起きる症状なのだ。くちびるの周りだけでなく、鼻の下や胸に帯状にできることもある。

七月末から海水浴、ゴルフ、海外旅行とぎっしり息つく暇もない夏休みのレジャーによる過労によって体力が低下したのだから初秋の不定愁訴は夏のレジャーの後遺症であることは明らかだ。

九月、十月は休養第一にして、疲労回復、体力ばん回に努めなくてはならない。たとえ秋の行楽シーズンと言えども。

▽栄養失調症

若いＯＬの不定愁訴の第二の原因は偏食による栄養失調症だ。このタイプの特徴は、体重が減って肌につやがなく、顔色がさえないことだ。

食欲不振だったので好きな料理ばかり食べていた。それもダイエットを兼ねて野菜サラダや果物が中心の食事を夏中続けていたら、間違いなくタンパク質不足の栄養失調になってしまう。

本人が偏食による栄養失調を意外に自覚していないのは、なまはんかな栄養知識しかもっていないからだ。

例えば、体重一キログラムにつき一グラムがタンパク質摂取量の原則だとは知っているが、体重五十グラムだから一日に五十グラムのタンパク質が必要、したがって卵（約五十グラム）を一日一個食べているから大丈夫と、判断してしまうのだ。

卵一個に含まれているタンパク質はわずか五グラムで他はほとんど水分なのだ。成人が一日に必要なタンパク質は、一日に肉百グラム、魚一切れ、牛乳一〜二本、卵一〜二個を食べなくては満たされない。

不定愁訴の症状を自覚したら、夏のレジャーと栄養知識を反省して、秋の保健指針を立てることが大切だ。

（医事評論家、松崎浩）

1989年9月2週号（B版）

(1)技術や精神よりも体力　〝月一ゴルファー〟心得
(2)家族の心潤す　住まいに〝秋〟を演出
(3)シートにもなる　秋の行楽バッグ
(4)彩りや見栄えがよい　中華風スープ

(2)家族の心潤す　住まいに〝秋〟を演出

住まいの中で、ふと〝秋〟が目にふれると、思わず季節を感じてほっとします。そして我が家に〝秋〟を演出すると、あなたの心配りに家族の心は潤い、一家円満になることでしょう。さっそく試してみては……

食卓に〝秋〟を飾る

▽目線より低めに

〝秋〟の演出は、奇をてらわずにひっそりと飾ると、一層の効果を上げます。そこで日ごろ見落としている場所を選びます。

例えば、障子越しの光線が当たる片隅、家具を並べた壁の余り、玄関の靴入れの上、あるいはトイレのロータンクの上、本棚のすき間、食卓の片隅など、その気になって探すと、多く見付かります。

こうした場所のうちから、目線よりやや低めの位置で、横長に空間の広がりが持てる場所が、見る人を落ち着かせるので適しています。

▽渋い色あいに

〝秋〟を感じさせるには、渋い色あいがポイントになりますから、日常使っている器や布の中で、渋い色や模様のあるものを選んで、飾ります。

ふろしき、ハンカチ、スカーフといった布は、ランチョンマットなどの敷物にしますが、はぎれは額に入れたり、そのまま壁にピンで留めてもよいのです。

最も効果的なのは、花を飾ることですが、生花より、ドライフラワーの方が秋らしい感じに見えます。夏の行楽で摘んでドライフラワーにしたものがあれば、思い出も一緒に飾れます。

レモンなどの柑きつ類やミニカボチャなど皮の堅い野菜などをドライにして飾っても、しゃれた置物になります。

▽静けさを作る

飾り方は見栄えにとらわれないで、さりげなくシンプルにして、そこに静けさを持たせるようにします。

その代わりどの方向からも見えるように周囲を片付けておくことが大切ですし、ほこりがついたままでは情緒がありませんから、手入れはこまめにするように心掛けます。

（インテリア・コーディネーター、小嶋道子）

1989年9月3週号（A版）

(1)「やめなさい」は禁句　子供のけんか指導法

(2)安全性に大きな不安　主婦の「お米調査」

(3)古ワイシャツで　重宝なエプロン

(4)食卓に季節感　菊花シューマイ

(2)安全性に大きな不安　主婦の「お米調査」

米の自由販売化が進むにつれ、おいしい米を上手に選ぶ主婦の役目が重くなる。そこで、消費科学連合会（三巻秋子会長）が、このほどまとめた「お米アンケート調査」の結果の一部を紹介しよう。

同調査は昨年末、首都圏在住の主婦一〇一三人を対象に行われた。数字の単位は％。

▽搗（とう）精について

○搗精してからどのくらいの期間ならおいしく食べられるか。

一週間九・六、十日九・七、半月二六・九、

無（低）農薬・有機農法米を
買いたい理由

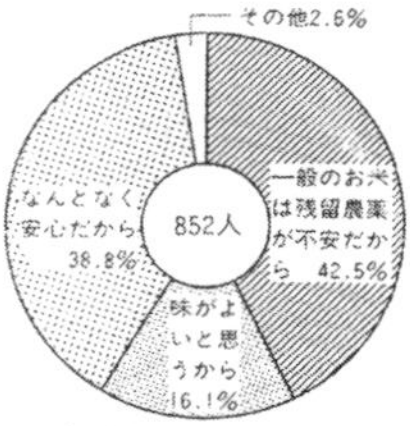

無（低）農薬・有機農法米を
買いたくない理由

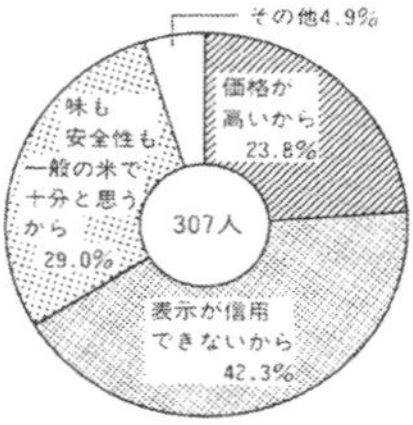

一カ月三八・九、二ヵ月七・四、三ヵ月以上一・九。

半月と一カ月を合わせると六五・八になり、約三分の二が正しく認識している。

○搗精年月日の表示を確かめるか。

まず、表示の有無を調べると、表示されている六二・八、表示されていない二四・〇、わからない一三・二。

「表示されている」と答えた人の中で、確かめている四二・六、ときどき確かめている二二・五で、残りの三分の一の人は表示されていることを知っていながら確かめないで選んでいることになる。つまり、表示の認識と活用の間に大きなギャップのあることが分かった。

▽無（低）農薬米、有機農法米について。

○表示を知っている六八・三、で三分の二以上の人が知っているのだが、その表示の信用度は、信用している一一・九、多少信用している五〇・九、信用していない二五・九、無回答一一・三であった。

○買いたい理由と買いたくない理由は別図のとおりだった。

「残留農薬が不安だから」を買う理由に挙げた人が四二・五もおりながら、「表示が信用できないから」を買わない理由に挙げた人が四二・三と同じ割合でいることは、毎日食べる主食の安全性に、不安をもっている人が多いことを示している。

1989年9月3週号（B版）

(1)本選びと仲間づくり　読書の楽しさ知る法
(2)きちんと処理しておく　台所用品の使い初め
(3)エスニックの復活　ニットウエア情報
(4)行楽の弁当に　洋風押しずし

(1)本選びと仲間づくり　読書の楽しさ知る法

本を読み始めると思わず時を忘れ、終わってからも、思わず表紙をさすってしまったりする。それが読書のだいご味ではないだろうか。

▽読む喜びを知る

とは言っても、現在のように、洪水のように毎日、本が出版されているとき、自分の興味にぴったりの本をどうやって選ぶことができるのであろうか。

その上、本以外に、あらゆる分野の解説や情報をはじめ文学作品に至るまでの映像やイラスト化したテレビ、ビデオ、漫画などがあふれている。しかし、これだけハイテクを中心にした表現手段が増えても、本から得られる喜びは、何とか持ち続けていきたいものである。

▽本の情報源

本好きの友人を見ていると、よく本屋に立ち寄る。職場や自宅近くの本屋には、通りかかれば、ちょっとでも入る。どこのコーナーにどんな本があるか分かっているから見やすいこともあるが、それが少しずつ変わっていることで新しい本がすぐに見付かるそうだ。

一般に、本の情報は、まず新聞の読書欄から入ってくる。毎週、数紙に目を通していると、

本の話のできる友人を

どの新聞の読書情報に時間をかけるのがよいかが、おのずと決まってくる。

広告も、さっと目を通すだけでも、自分が日頃興味を持っている分野や、好きな著者の新刊には気付くものである。

出版社が出している本の雑誌もある。送料程度の年間購読料（五百円ぐらい）を送っておくと、郵送してくれる。一流の著者のエッセイもあって、読みものとしても面白い。

▽読書仲間づくり

持ちたいものは、本の話のできる友人である。何かのおりに、最近読んで面白かった本の話をしてみて、それに乗ってくれる人、いつもバッグやカバンの中に文庫本をしのばせている人に、きっかけを作ってさりげなく本の話をしてみると、お互いに本の情報を交換できるようになってくる。

地域などで数人の人と話しあって、読書会をスタートしてみるのも面白い。私の体験からすると、建前でなく、本当に面白いと思える本を、素直に選びそれぞれが違う考えを率直に言うようになってからは、意見もよく出るようになり、集まる人数も多くなってきた。

一人で本を選び、一人で楽しむときも、「本は面白いから読む」という姿勢を常に持てば、ちょっとした時間も惜しんで、本を読むようになるであろう。

（生活評論家、南和子）

1989年9月4週号（A版）

(1)「えっ、これも……」変わった紙あれこれ
(2)自由に日差しを調節　秋むき横型ブラインド
(3)秋は知性豊かに　ミセスのおしゃれ
(4)クリの形に　変わりどら焼き

(1)「えっ、これも……」変わった紙あれこれ

水に弱い、破れやすい、燃えやすい、溶けやすいといった紙のイメージはもう時代遅れだ。このほど財団法人・紙の博物館（東京）で開かれた特別展「特殊紙・機能紙の世界」から紙の最新情報をお届けしよう。

【水に強い紙】

紙とは植物繊維を水で分散させてすきあげ、それを膠（こう）着させたものだが、すくときに、ポリオレフィン系の薬品を混ぜてすくと、水に溶けない紙になる。

現在、野菜の包装紙や耐水段ボールなどに実用化されている。難点は、再生できないので、古紙回収ができない。

【燃えない紙】

薬品の代わりに炭素繊維のような難燃化材をすき込んだもの。住宅などの内装材の耐炎化に備えて需要は多く見込まれる。最も一般的には使い捨てカイロ用の原紙に使われている。

【食べられる紙】

コンブやワカメなどの海草からアルギン酸を取り出し、それをカルシウム塩で不溶化したも

セラミックペーパーで作ったランプシェード

の。アルギン酸は食品としてアイスクリームやゼリーにつかわれている。

ラーメンの具の包装用など実用化が図られている。また振動したときの音質がよいので、スピーカーの振動板に有望視されている。

【熱に耐える紙】

紙をすくときにセラミック（陶土）をいれると、通常は紙に扱え、それを焼くと陶器になる。以前は一三〇〇度の高温でなければ焼けなかったが、現在は九〇〇度ぐらいでもでき、家庭でも折り紙のように簡単に扱えるので、ランプシェードや折りづるの飾り物のクラフト用品としてすでに商品化されている。

【熱で色が変わる紙】

紙に温度によって変色する色素が塗ってあり、セ氏二八度を境に青からピンクになる。これは、危険物の入ったタンクや配管に巻き付けて温度変化を見付けたり、体温、室温などを測ったりできる。

また液晶をマイクロカプセルに入れて紙に塗布したサーモクロミック紙は、加熱温度によって黒―赤―黄―緑―青紫―黒というように発色する。

【光で色が変わる紙】

光で色が変わる化学物質のマイクロカプセルを塗布したフォトクロミック紙は、光を当てると青色に発色し、暗くすると元に戻る。

【臭いをとる紙】

天然無機物の混合物で、各種悪臭物質アンモニア脱臭効果のあるアミヨンを充てん材としてすきこんだ紙。

紙おむつ、シーツや枕カバーなど医療関係に需要が多い。

(3)オリジナルなおしゃれ　少女用サスペンダー

幅広のチロリアンテープでサスペンダーを作ってあげると、スカートやジーンズのオリジナルな飾りにもなり、おしゃれ心の芽生えた少女に喜ばれます。バックにゴムを使ってあるので、どんなに活発に動いてもずれません。

▽材料

チロリアンテープ（五センチ幅）八〇センチ、ゴム（四センチ幅）一〇センチ、人工スエード一三×九センチ、厚手木綿四〇×八センチ、サスペンダー用クリップ三個。

▽作り方（図参照）

①チロリアンテープは半分にカットし、四〇センチ二本にする。

②テープの両端は五ミリずつ折り、裏布にした木綿布を覆うようにして端ミシンをかける。

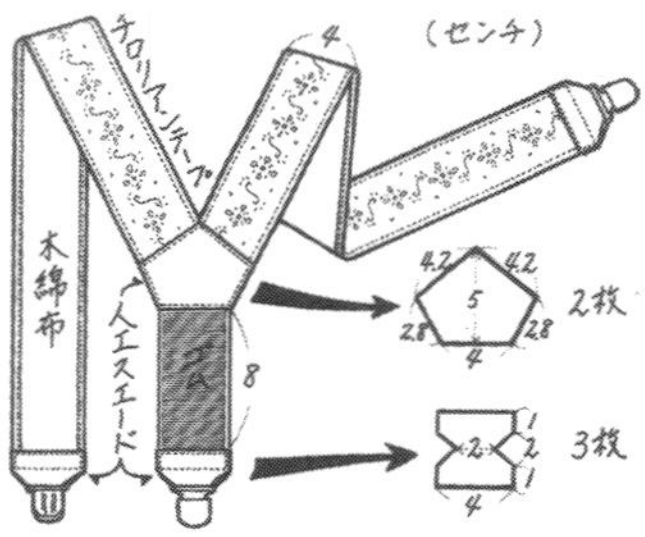

おしゃれなサスペンダー

③二本のテープとゴムは後ろでY字形にし、五角形にカットした人工スエード二枚ではさみ、端ミシンする。

④図下のようにカットした人工スエードに、サスペンダー用クリップを通し、それをテープとゴムの先端にはさんでミシンでステッチする。

（手芸家、山下友里亜）

1993年10月1週号（A版）

(1)安眠の決め手　まくらの選び方
(2)加入者一二〇〇万人突破　国際ボランティア貯金
(3)おしゃまさん満足　花のカチューシャ
(4)秋のヘルシー料理　キノコのホイル焼き

(2)加入者一二〇〇万人突破　国際ボランティア貯金

十月六日は「国際ボランティア貯金の日」。開発途上国などへの援助を目的にした作られた郵政省の国際ボランティア貯金の加入者が八月末で一二〇〇万人を超え、新しい国際貢献の在り方として、国民の間に急速に広まっている。

▽受け取り利子の二〇％

この制度は毎年三月末に、通常郵便貯金の税引き後の利子の二〇％が寄付されるというもので、平成三年一月から始まった。

郵便貯金の利率が十月十八日から一・三二％になるが、口座残高が一〇万円ならば、税引き後の受け取り利子は一〇五六円。これの二〇％の二一一円が引き落とされて寄付金となるわけである。

ここにも国際ボランティア貯金の寄付金

利率によって年度の寄付金総額が左右されるが、平成四年度の寄付金総額は二一億八五六三万三〇〇〇円になった。

▽二百四十の事業に

郵政省でとりまとめた寄付金は、ＮＧＯ（民間海外援助団体）が実施する援助事業に配分される。

平成四年度は、女性や農民の自立のため、子供の教育や保健のため、難民や災害の被災者への援助、都市の生活困窮者の自立のため、環境保全など、全国百八十五のＮＧＯが行う二百四十の援助事業に使われる。

配分先のＮＧＯの選定は、申請事業をまず郵政省で審査し、さらに郵政審議会で専門家も交えて決定される。配分を受けた団体は、中間報告、完了報告をし、年に一度は各団体による活動報告も行われる。

　また預金者の代表が、適正に活動が行われているかどうか、直接現地へ訪れるという方法も取られている。昨年は十五人の預金者代表がアジアの三カ国に行った。
▽日本独自の方法
　日本のＮＧＯ全体の年間予算が百数億円前後とみられることから、国際ボランティア貯金から配分される資金がいかに大きいかがうかがえる。そのためにも、申請事業の審査体制のより適正な運営が望まれると同時に、ＮＧＯの活動内容がよりオープンにされることが、預金者への信頼にもつながる。

　国際ボランティア貯金推進室の佐野輝利室長は「利子をこのように海外援助に使っているのは、日本だけの制度。預金者の気持ちに配慮し、日本独自の国際貢献につなげたい」と、語っている。

１９９３年10月１週号（Ｂ版）

⑴偏見にもつながる　はやる性格判断
⑵おいしさアップに　オーブン活用法
⑶清潔感と華やかさ　およばれヘア
⑷ほっとする味　牛肉の煮物

⑴偏見にもつながる　はやる性格判断

　最近、高校生や大学生の間では、やたらと心理学がはやっています。といっても、血液型で性格判断をしたり、質問の答えによってタイプをわけたりする類いのものです。
▽若い人の間に人気
　先日も、大学生が大きな声で「いすが三つある。あなたはそのうちのどれに座りますか」と

本を読み上げて友達に質問しています。すると、友達が「真ん中」と答えると、キャーという歓声が沸き、「あなたは○型の性格なのね。知らなかった」と叫んでいます。

それをそばで聞いた私の方がびっくりしてしまいました。「ちょっと、そんな質問の答え方ひとつで性格がわかるわけはないでしょう。第一、人には個性があるのに、なんで三つぐらいの型に分類できるのか」と叫びたい心境でした。

「あなた何型？」こんな会話が大学生に多い……（本文とは関係ありません）

▽カテゴリー化

それ以来、周囲の学生達を観察してみると、血液型性格判断を初めとして、やたらと人の性格をいくつかのタイプに分けて見るのが好きな人が多いことに改めて驚いてしまいました。

このように、人の性格や態度をいくつかのタイプに分けて見ることを心理学では「カテゴリー化」と呼びます。確かに自分と仲がよい人や、よく付き合っている人については、ゆっくりと一人一人の性格や態度を判断する機会があるでしょうが、ちょっとした知り合いならば、判断するための情報も不足しているでしょうし、その時間もないかもしれません。

そこで、例えば「この人は血液型がA型だからきちょうめんな性格だろう」とタイプ分けして性格を見ることができれば、対人関係で労力も時間も節約でき、神経を使うこともありません。

▽落とし穴に注意

でも、これには落とし穴があります。それは誤ったタイプ分けをしたり、決まり切った見方で人の性格を勝手に判断することの危険性です。

例えば、「この人の血液型はＡＢ型だから二重人格だ」と判断したら、その判断に沿った付き合い方をするようになるかも知れず、そしてそれが偏見につながることも否定できません。お遊びでタイプ分けをしている間はいいかもしれませんが、無理やり人をタイプ分けして割り切って見ることには大きな問題があることを心に留める必要があります。

（帝京大学社会学科　助教授・宮田加久子）

１９９３年10月2週号（A版）

⑴安くて実用的　アメリカ式結婚祝い
⑵幼児期に原因　治したい子供の偏食
⑶新しいおしゃれに　注目のボタンカバー
⑷カスタードソース添え　リンゴのケーキ

⑴安くて実用的　アメリカ式結婚祝い

日本の結婚式は、当人たちばかりでなく祝う人達も、とかく豪華で見栄えのする贈り物にこだわりがち。そんな風潮に疑問を持つグループが、アメリカのブライダルギフトを学ぼうと、このほどセミナーを開いた。

▽暮らしへの疑問

主催したのは、日本女子大の住居科に学び、暮らしに関するさまざまな提案をしているＴＬ

S（トータル・ライフ・クリエイション）の女性グループで、当日は、結婚適齢期の子供を持つ年代の主婦が三十人ほど出席した。

　講演したのは、いけばなインターナショナルのバーバラ・フランキイさん。五年前に来日、ビジネスマンの夫と十七歳の男女の双子と暮らす主婦でもある。

　すでに日本でも何回かの結婚式に出席したが、その豪華さや、親の座るテーブルの位置が後方なのに驚いたりした経験を持っている。

バーバラ・フランキイさんの講演

▽生活用品を贈る
アメリカでは、カップルが決まると、結婚式までに家族や親類、友人たちを招いて五つほどのパーティーを開く。といってもおおげさなことではなく、顔合わせを兼ねてティーパーティー形式で行われる。

　中でもシャワー・パーティーは、親しい友人達の集まりで、花嫁がすぐに必要な生活用品を友人たちがプレゼントする。「雨」と「ふろ」のシャワーをかけているので、紙で作った傘が部屋の飾り付けによく使われる。

　このパーティーは、結婚式当日に手伝う友人達が案内状を送るのだが、カップルの生活を応援するためなので、テーマを決め、それに合わせた贈り物をする。例えば、朝をテーマにすると、洗濯のための洗剤、朝食に必要なナプキンやエプロンなど。決して高価なものではなく、結婚した翌日にすぐ使える実用品を友人達が持ち寄るのである。

▽タオル・ケーキを

そのひとつの例としてバーバラさんが作ってきたのは、「ウェディング・ケーキ」。十一枚のタオルを大中小に巻いてケーキに見せたもので、遠目からでは、本物のケーキに見える。

パーティー当日のすてきな飾り物になると同時に、ほどけば、タオルとして生活の中ですぐに役に立つ贈り物のアイデアだ。

このケーキの作り方はいたって簡単。一番大きいものは丸缶をしんにするが、白い薄手のタオルを縦に半分に折り、端から丸めていき、適当な太さになるまで、何本かのタオルを重ね、最後の端は糸でステッチし、軽く止める。そして、底に金色のコードを縫い付け、周囲にはリボンやアートフラワーなどを飾る。大中小の三つ作り、間に糸巻きを置いて重ねると出来上がり。

1993年10月2週号（B版）

(1)個性化時代に脚光　和紙で作るドレス
(2)自分らしさ表現　スタンプいろいろ
(3)食べこぼしをキャッチ　幼児のエプロン
(4)中身はコロッケ　変わりギョウザ

(1)個性化時代に脚光　和紙で作るドレス

和紙の人気が復活している。便せんやはがきといったオーソドックスなものだけでなく、Yシャツやネクタイ、靴下、ドレスなどの衣料品にまで及び、個性化時代に人気を呼んでいる。

▽工作感覚で仕立てる

最近では、「これが和紙?」と目を疑うようなものも登場して、和紙の特性を再認識する

和紙のウエディングドレス

きっかけにもなっている。例えば和紙のウエディングドレスは、オリジナルな結婚式を考える女性に人気を呼んでいる。

花嫁候補生にウエディングドレスの作成を指導して二十年になる関根服飾研究所（東京）の代表、関根節子さんは「洋裁経験のない若い人にも簡単にできるドレス作りをと考えていたとき、和紙に出会った。接着剤で工作のように簡単にでき、布では難しいパリも出せる。プリーツ、ギャザー、ビーズ飾りなど若い人のアイデアで創造性のあるドレスができる」と話す。

▽軽さと通気性

同研究所ではドレス一着を六十×九十《チセン》の手すき和紙四十枚で作る。同じドレスを布で作るとなると、ポリエステル生地の材料費として二十万円かかるが、和紙だと三～四万円程度ですむ。作成にかかる時間も一か月弱、布の三分の一でできる。

実際に自分で作った和紙ドレスで挙式した人もこれまでに数人おり、「司会者が和紙のドレスと紹介すると会場から歓声があがった。着心地も布より通気性がよいため汗もかかずさらっとしている。二〇キロ近い布ドレスに比べ、着ているかどうかわからないほどの軽さも魅力」と評判も上々。

白のウエディングだけでなく、和紙の微妙な色合いを生かしたドレスは舞台衣装、パーティードレスとしても好評で、飽きたらスカートをハサミで切って短くしたり、模様を書いたりとリフォームも簡単にできるのが、人気の原因だ。

▽Yシャツや靴下も

Yシャツとネクタイ、靴下などの日用衣料品にも和紙を使ったものがある。こちらは和紙を細く裂いてよった紙糸で紙布を織り、生地の状態にしてから作るため、Yシャツはオーダーしてから二、三か月かかり、一枚十二万円と高価だが、和紙の愛好家や話題性を狙った贈答品など年配者に受けている。

和紙専門店株式会社わがみ堂の浅野昌平社長は「自然の繊維をこわさず、そのままの状態で紙にしているので、何度振っても元に戻る独特のしなやかさがある。しかも丈夫なので、衣料品なら一生持つ」と魅力を語っている。紙衣などで昔から日本人に親しまれてきた和紙だが、最近は再び脚光を浴びている。

1993年10月3週号（A版）

⑴子供を守る親の心得　チャイルドシート
⑵風邪や二日酔いにも　柿の漢方効果
⑶収納を兼ねて　しゃれた壁飾り
⑷だんらんを盛り上げる　中華風肉だんごなべ

⑴子供を守る親の心得　チャイルドシート

乗用車には、子供専用のシートベルト「チャイルドシート」が不可欠だが、着用率はたったの四％弱。秋の行楽シーズンを迎え、総務庁は普及キャンペーンに乗り出した。

▽投げ出される子供

全国で七百万人の会員がボランティアとして活躍する社団法人全国交通安全母の会連合会の調査によると、最近の国内の交通事故死は、歩行者、自転車中心から自動車事故へと形態が変わってきた。中でも愛知県の報告では、県内で自動車に乗車中の事故で死亡した子供は平成二年中七人。うち一件は乗車全員が死亡したが、ほか六件は大人は助かり、シートベルトをしていない子供だけが死亡した。

同連合会の関通彰専務理事は「時速四〇キロで衝突すれば二トン近い力が加わる。これは、四階から落下するのと同じで、いくら大事に抱いていても事故に合えば子供は投げ出されてしまう」とチャイルドシートの重要性を訴える。

▽キャンペーンを展開

欧米ではチャイルドシートが普及しており、着用していない場合は罰金を課せられる国が多い。「子供は自分で身を守ることはできないのだから親以上に安全対策を強化すべき」とシートベルトよりチャイルドシートの着用に力を入れている国もある。

日本ではチャイルドシートの着用が義務付けられていないばかりか、すでに罰則規定のあるシートベルトですら六割を切る状況だ。

「チャイルドシートの義務づけをという声もあるが、大人のシートベルトの着用率もあがらない現状ではとりあえず啓蒙していくしかない」と総務庁交通安全対策室では、今年五月にチャイルドシート部会を結成して啓蒙ビデオの作成など普及キャンペーンを展開している。ビデオには、子供の人形がフロントガラスを突き破って放り出されるシーンなどが収録され、チャイルドシート未着用の危険性が実感できる。

▽持ち腐れも

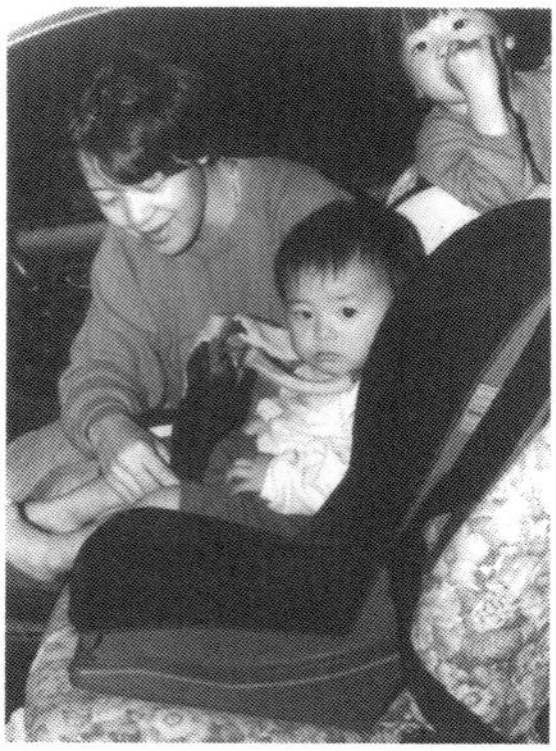
チャイルドシートで子供の安全を

チャイルドシートには、子供の成長にあわせて乳幼児ベッド（生後〇～八カ月）、幼児用シート（四カ月～四歳前後）、学童用シート（四～十二歳前後）の三種類がある。一台二～三万円、三種類全部をそろえると六～七万円と経済的負担が大きい。しかし自動車、玩具メーカーなどから年間五十八万台が出荷されていることをみると、「持っているが使っていない」人が多いことも考えられる。

同連合会は、総務庁の作成した啓蒙ビデオ二百本を全国に配布してPRに努める一方、普及促進のための調査委員会を設置して実態調査を開始、着用率の伸びない原因をつかんで新たな普及策を探る方針だ。

1993年10月3週号（B版）

(1)だれもが使いやすい「共用品の提案」展
(2)大人の装い　黒を着こなす
(3)モダンなデザインで　オリジナル・カード
(4)食欲そそる　サンマのかば焼き

(1)だれもが使いやすい「共用品の提案」展

目の不自由な障害者や高齢者が安心して使える生活用品を提案する「共用品の提案」展がこ

のほど東京・銀座で開かれ、三日間で視覚障害者やメーカー、一般人など一千五百人が訪れ、関心の高さを印象づけた。

▽調査を元に試作品

展示会を主催したE&Cプロジェクト（エンジョイとクリエーションの頭文字）は視覚障害者を含む福祉関係者やさまざまな業種の企画・開発デザイン関係者が集まるボランティアグループ。東京・高田馬場にある日本点字図書館を事務局として、障害があってもなくても使える生活用品やサービスを提案して実際にメーカーの商品開発に影響を与えるなど、精力的な活動が注目されている。

展示会では、全国の視覚障害者約三百人を対象に実施した「朝起きてから寝るまでの不便さ調査」の結果を発表。それをもとに今後開発される生活用品をどのようにデザインしたらいいかを独自に研究し、試作品を作るなどして具体的に提案した。

▽声で操作

試作品の中でとくに視覚障害者の関心を集めていたのが、受話器を通して声で操作できる現金自動支払い機。

現在、銀行などの支払い機は液晶表示のものが多いので、視覚障害者は行員を呼び出して代わりに操作してもらうしかない。同プロジェクトの提案した音声型支払い機には「暗証番号や金銭の出し入れを他人に頼むのは抵抗がある。お金の管理くらいは自分でしたい」と願う参加者に好評だった。

このほか、プリペイドカードの種類や度数を読み取り、音声で知らせる機械の試作品も注目を集めた。切り込みで方向がわかるカードや残り度数を音声で知らせる公衆電話器も一部出て

視覚障害者に好評だった音声型支払機＝東京・銀座で

いるが、定期券のように表裏の区別もつかないものが多いためだ。

▽大きい反響

同プロジェクトの会長を務める工業デザイナーの鴨志田厚子さんは「二十五年前に提案したときには相手にされなかったが、今回は予想をはるかに上回る反響で、あまりにも期待が大きくびっくりした。不景気になって本質を見ようという目が開いてきたのでは」と展示会の感想を語る。

さらに「今は視覚障害者に絞っているが、これからは機能の低下した高齢者が生活しやすい工夫が必要。普通の人が見てもきれいだと思える共用品を作りたい」と今後の活動方針を語る。

同プロジェクトでは、これまでの研究成果をガイドラインにまとめ、各業界団体に配布、障害があってもなくても使える共用品の普及に働き掛けていく方針だ。

1993年10月4週号（A版）

(1)仕事にもっと自信を　日本女性にメッセージ
(2)上手に使い分けを　バターとマーガリン
(3)表面がより華やかに　インテリア・ミ

ラー
(4)実だくさんに　クラムチャウダー

(2)上手に使い分けを　バターとマーガリン

「バターは太るけど、マーガリンなら大丈夫」とか、「中年になったらバターからマーガリンに変えた方がいい」とか、意外と誤解している人が多い。そこでバターとマーガリンの上手な使い分けの知識を……

▽カロリーは同じ

両方のカロリーは、百グラム当たり約七百五十キロカロリーで、どちらも同じだ。最近はカロリーを少なめにしたスプレッドタイプもあるが、いずれにしろマーガリンなら太らないということはない。

こんな誤解が生まれたのも、「バターは血液中のコレステロール値を上げるが、マーガリンは逆に低下させる」といったことが遠因に考えられる。

バターに含まれるコレステロールも、一回に食べる量からするとごくわずか。日本人の食生活ではまず心配ない。しかもコレステロールは細胞膜を作ったり、胆汁酸や性ホルモンの原料にもなり、生理機能上大切なもので、むしろこの値が低いと脳卒中などの危険性が高まる。食生活全体の中で、動物性脂肪を取り過ぎないことは大切だが、バターだけを目の敵にすること

はない。

▽味と使いやすさ

「トーストにはマーガリン」という人が多いが、バターの溶けかげんのときのあの芳香はマーガリンには真似できない。

また料理にバターを使うと、融点が低いので焦げやすい。たとえレシピにバターと書いてあっても、最初はサラダ油を使って、仕上げにバターを使えばきれいに仕上がる。高価なバターを効果的に使うと、風味を生かせる。

つまるところは味と値段と使いやすさ、健康面でどれを優先するかで決めればいい。医者から特に注意を受けていない限り、「中年になったから」というだけで、バターをマーガリンに変える必要はない。

（生活評論家、若村育子）

1993年10月4週号（B版）

(1)選び方の目安に　生鮮魚介類にも表示
(2)新素材でおしゃれに　男性のカジュアル服
(3)ティータイムの主役　特製モンブラン
(4)＝ホーム・ライブラリー＝　①『純愛コンプレックス』②『朝子さんの一日』

(1)選び方の目安に　生鮮魚介類にも表示

魚の種類や産地など、店頭での生鮮魚介類の表示をわかりやすくしようとする動きが進んでいる。水産庁は二年前からの検討結果をふまえ、今年度内にも表示ガイドラインをまとめる。

▽パック売りが主流に

現在、生鮮魚介類で食品衛生法に生食用かどうかなど具体的な表示が義務づけられているのは中毒の発生頻度が高い生ガキだけ。その他の魚介類は表示がないため、解凍物でも生のように錯覚して家にもち帰り、再冷凍して味が落ちたなどというケースがよくある。また、魚の販売方法も、魚を丸ごと売る専門店より大型スーパーのパック売りが増えている。とくに都会育ちの若い主婦は魚の知識が乏しく、見ただけでは種類や鮮度を見分けることができず、

「どこの産地かしら」生鮮魚介類の表示がわかりやすくなる

もっと詳しい表示を、との声があがっていた。

▽四項目を表示

水産庁は平成三年度から生産者、小売業者、消費者などからなる「水産物表示検討委員会」を設置、表示のガイドライン案をまとめた。

それによると、表示は「品名」「解凍もの」「養殖もの」「産地」の四項目を明記することとし、全国の百貨店、スーパー、小売店でモデル的に表示を始めた。パックしてあるものはラベルに表示し、包装していないものはプラスチックのプレートなどに四項目を表示するようにした。

ただしこれらの表示は、とくに消費者がよく利用する魚種に絞る。例えば品名は、「マグロ、カジキ」ではなく、「クロマグロ」「キハダ」「メバチ」「ビンナガ」「メカジキ」「マカジキ」など、より詳しい表示にする。ブリ、ヒラ

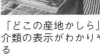

メ、トラフグなど養殖ものには養殖と記載、イカ、エビ、サンマなども解凍ものには解凍と記載する。

▽消費者も知識をもつ

全国三万店の魚介類販売業者で組織する全国水産物商業協同組合連合会の中井正實常務理事は、「昔は魚の目や全体の光り具合などを見て鮮度などを判断していたが、最近は切り身で販売することが多くなってきたので、消費者のための情報提供が必要になってきた。ただ、例えばロシアで核廃棄があったというと一気にイメージダウンして、実際には影響のない地域の魚までが全く売れなくなるという危険性もある。利害関係が絡んで難しい面もあるが、業界では消費者の利益第一という考えが強く、みな熱心に取り組んでいる。魚を中心とした日本型食生活が注目され、魚の需要はますます伸びていくと思うが、消費者も表示だけに頼るのではなく、ある程度の商品知識はもっていてほしい」と話している。

1998年11月1週号（A版）

(1)便利さの陰に待機電力　省エネの意識必要
(2)世紀末の記録に　来年の手帳と日記
(3)高齢者への配慮進む　手すりや家具のパーツ
(4)よりおいしく　あんかけチャーハン

(1)便利さの陰に待機電力　省エネの意識必要

テレビやビデオデッキ、エアコンなど座ったままリモコンで、自由自在に操作できる電気機器が多くなりました。ファクシミリ、コードレス電話などの家庭用通信機器も普及しています。これらの機器は、常に主電源が入った状態にあり、いつでも対応できるようにスタンバイ（待機）しています。

▽消費の一割も

夜、消灯した室内で、リモコンで切ったはずのテレビや使っていないラジカセのスイッチに電気がついていることに気付きます。このように、使っていないときでも、指示を待つために消費されている電気エネルギーを「待機電力」といいます。家庭での消費電力のうち、約十%はこの「待機電力」で、今後ますます増えるといわれています。

また以前は常に電気が入っている機器といえば電気冷蔵庫くらいなものでしたが、今では電気ジャーポットや電子ジャー炊飯器、温水洗浄便座など、保温状態を保つために、常に電力を消費している機器も増えました。

▽年間に一万円

待機電力や保温のための電力は、機器の種

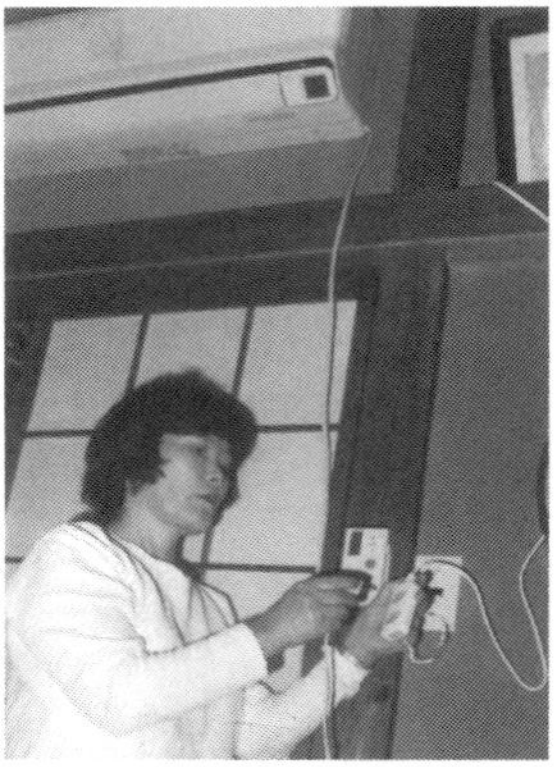

エアコンなど使わない季節は
コンセントを抜いておく

類や機種によってさまざまですが、およそ一W（ワット）から十三〜十四W。例えばあるビデオデッキの場合は、見ていなくても主電源が入っていれば待機電力は十三W、電気代は年間約二千六百円、電気ジャーポットの場合は、沸かすのに千五十W、保温に六十五Wを消費するとして、年間三百六十五日通電しっぱなしで電気代は年間約一万円にもなります。

　待機電力や消費電力は、機器が便利になるほど、機能が多くなるほど、大型化するほど増えてきます。メーカーや機種によっても異なるので、購入するときは、カタログでよく比較検討して我が家に合った機種を選ぶことです。

▽まずエアコンを抜く

いま、地球温暖化ガスを削減するため、いかに省エネルギーを進めるかが大きな問題で、メーカー側の機器の開発努力と共に、私たち一人一人にも省エネルギー努力が求められています。

　就寝時には主電源を切ったり、長時間使わないときはコンセントから抜くなど、こまめに気をつければ電気エネルギーの無駄な消費を省き、電気料金の節約にもつながります。

　とはいえ、最近の時計やマイコンつきの機器では、主電源を切ってもコンセントが入っていれば機能維持のために電力を消費しています。通信機器などもコンセントから抜くわけにはいきませんが、手始めに、エアコンが一時休んでいる今の季節はコンセントから抜き、フィルターの掃除をして次の使用に備えましょう。

（消費生活アドバイザー、八木雅子）

1998年11月1週号（B版）

(1)＝住宅時評＝「ルーアンの木構造街並に思う」（一級建築士　正宗量子《かずこ》）
(2)表示内容を知る　多様化するみその品質
(3)多彩な光とデザイン　新世代の蛍光灯
(4)動脈硬化予防に　イワシのすき焼きなべ

(1)＝住宅時評＝「ルーアンの木構造街並に思う」

急勾配の屋根、白壁やベージュのそれにすきまなくひしめいて構造をあらわにした木造建築。近代建築が林立している街中でも、その表情は今でもフランスやイギリスの風物詩であり、安らぎである。今夏北フランスを旅した折の、木造建築の美しさには考えさせられるものがあった。

▽木造六階建ても

特にルーアンの旧市街。メイン・ストリート、グロ・ゾルロージュ通りやマルタンヴィル通りなどには、目を見張るばかりの傾きかけた建築がひしめいていて、一階はレストランや商店に、上階はホテルや住宅にと、今なお修復しながら利用している。数えてみると四～五階建てはおろか、ロフトを入れると六階はゆうにある。地震国日本では考えられない朽ち果てた素材がピン接合されている。

木造の柱や筋交い、交差して強度を増しながらデザインした美しさには、木の持つ強さ、脆

文化を感じるルーアンの木造建築

さ、垂直線の連続とそれを打ち破る斜線の美が入り交じり、この国の歴史と文化の重みさえ構造だけで感じてしまう。

▽千年の寿命

ところで、ヒノキに代表される針葉樹の白木の肌を中心に発達してきた日本の木造技術は、世界一だといわれている。明治時代の初期まで、木と木綿の自然素材の中で生活してきた日本人は、鉄、ガラス、コンクリートの近代建築素材の出現で、木材を遠くに置き去りにしてしまったかのようだ。が、最近、再び見直されてきたことはとてもうれしい。

生き続ける木材の持つ性質上、伸び縮みに木の方向性があり、いわゆる〝狂い〟が生じるし、火災に弱いデメリットもある。それらは科学的に処理され、腐朽しない薬品処理術や、接着剤による合板技術も発達した。また、木は古くなるにつれ強くなると言われている。針葉樹は、四万年を経た材でもセルローズがなお四〇%残っているが一般的に広葉樹は二千年。杉の赤味は七百～八百年、松やケヤキは四百年、ヒノキにいたっては千年の寿命があると、法隆寺の宮大工で名高い西岡常一氏が修復の経験から語っている。

▽ネックは法規制

ルーアンの木造建築街を歩きながら、なぜ日本の街並みには木材の美しさが無くなったのか、考えてしまった。法規制に悩まされ、今、手がけている小住宅も、法はクリアしたが屋根の形や外壁のデザインは、規制緩和の声はどこへやら、お決まりの狭小住宅と相成っている。ホルムアルデヒドなどの室内化学物質汚染、環境ホルモン問題など人類の生存に及ぶ課題は、自然の素朴な健康建材の普及から始めなければいけないと思うにいたったのである。

（一級建築士　正宗量子）

１９９８年11月２週号（Ａ版）

(1)身体被害の苦情急増　住宅関連のトラブル
(2)洋風、中華風も味わう　汁粉の楽しみ方
(3)手軽に水やりできる　窓辺にしゃれた水差し
(4)マスタードソース添え　変わりハンバーグ

(1)身体被害の苦情急増　住宅関連のトラブル

住宅関連のトラブルのうち、身体被害に関するものが増えている。特に新建材から出る揮発性有機化合物などが原因の苦情が目立つ。相談を受け付けている専門機関では、ユーザー側も入居時の空気汚染を基準内に抑えることを住宅メーカーとの契約に含めるといった自衛手段が必要とアドバイスしている。

▽増える身体被害

住宅部品の優良認定などをする財団法人べターリビング（東京）は、製造物責任法（ＰＬ法）の成立を機に、１９９４年９月に住宅部品ＰＬセンターを設置、消費者からの相談や業者とユーザーとのあっせんや調停に当たってい

入居時の空気汚染を基準内に抑えることを契約条件とすることもユーザーの自衛手段のひとつ

る。

PL法に対応してメーカー側の苦情処理体制が整備されるにつれ、相談件数は95年度六百十九件、96年度四百五十一件、97年度三百九件と減少しているが、身体被害に関しては逆に三十五件、五十一件、八十一件と増え、相談全体に対する割合も5・7％、11・5％、26・2％と急増している。

▽ホルムアルデヒドで

身体被害の中には、「築半年の住宅の屋根でクーラー取り付け工事を行なっていたところ、トタンと一緒に地面に落下し病院に運ばれた」などのケースもあるが、特に入居後、めまいや吐き気に襲われる「シックハウス」に関する事例が急増。97年度には身体被害の四割を占めるようになった。壁面や床面の仕上げ材、床下の防アリ処理剤などに含まれているホルムアルデヒドが原因の可能性が高い。

例えば「新築住宅に入居した直後から頭痛が始まり、体調不良で入院したが、メーカーは何の対策も取らなかった」ケースでは、同センターの助言でユーザーが室内のホルムアルデヒド濃度を調べたが、測定時期が入居から一年半後で、体調と化学物質との厳密な因果関係は特定できなかった。

こうした事例がほとんどで、入居時に換気の重要性の説明を怠ったり、対応の遅れなど、メーカー側の責任回避が目立つ。また原因が明確になっても、壁や床材の取り替えのために必要な費用負担を巡って、再び紛糾するケースもある。

▽契約項目に

同PLセンターの吉田茂雄室長は、メーカーが問題解決にもっと積極的に取り組む責任を指摘すると同時に「ユーザーの自衛意識も重要。具体的にはハウスメーカーとの契約の中に『入居時のホルムアルデヒドの空気中含有量を厚生省が97年に決めた基準値（一立方メートル当たり0・1ミリグラム、0・08ppm）以下とする』などの項目を入れること」。

なお住居の揮発性有機化合物の測定を行なう業者のリストは都道府県の住宅課や建築課などに備えられており、自宅の空気汚染度を確認したいときは直接依頼することができる。

1998年11月2週号（B版）

(1)ぜいたく、ゆとりを表現「手作り」静かなブーム
(2)電磁波チェック計まで　普及する家庭用計測器
(3)注目株はベトナム　アセアンの食品展
(4)ポテトも入れて　アサリのワイン蒸し

(2)電磁波チェック計まで　普及する家庭用計測器

ヘルシーライフが提唱されると共に、健康を守る計測器も簡便化し、使いやすくなり家庭に普及してきた。例えばこんなものが…

▽種類多い歩数計

OLや子どもたちに人気となり、発売以来四

さまざまな家庭用計測器が……

百五十万台出荷の大ヒット歩数計が「ポケットピカチュウ」（任天堂、二千五百円）。歩数が伸びるにつれディスプレーのピカチュウがかわいいしぐさをする。

　身長や体重などの個人データを入れると、脂肪を効率よく燃やす適切な歩数ピッチを算出し、付属のイヤホンから聞こえるピッチ音に合わせて歩くことができるのが「ピッチウォーク」（タニタ、四千五百円）。燃焼カロリーも表示される。

　ベルトにはさんだ歩数計が落ちにくい金属クリップを使った「ＪＩ万歩」（山佐時計計器、三千円）もある。

　一般の歩数計は中に入ったおもりの上下動で歩数を計測するが、「タッシェ」（オムロン、五千円）は、おもりではなく加速度センサーと角度検出センサーによって計測するため、バッグやポケットに入れて使用できる。

▽ダイエット電卓も

　ダイエットに必要なカロリー数を簡単に計算できる電卓が「スリムクラブ」（ラジカル・スタッフ、三千九百八十円）。元々は糖尿病の専門医が使っていたが、性別、年齢、体重、身長、仕事の軽重をデータに入れるとBMI（体重と身長から割り出した肥満度）、標準体重、現体重維持のための一日の摂取カロリー数が算出され、ダイエットしたい目標体重と目標日数を入れると目標達成に必要な一日のカロリー数が算出される。

スポーツをやり過ぎて、心臓に負担をかけるのを防ぐのが、脈拍数表示の腕時計式「エアロアラーム」（タニタ、九千八百円）。光電式脈拍検出センサーが脈拍数を計測し、適切範囲を超えると警報アラームが鳴る。

電磁波の健康への影響が心配されているが、「電磁波チェッカー」（タニタ、六千円）は、電気カーペットやテレビ、電子レンジなどの家電品から高圧線下の住居まで、〇・一マイクロテラスから一テラス以上まで四段階に分けて電磁波をキャッチできる。

1998年11月3週号（A版）

(1)固形燃料化も成功　古布団のリサイクル
(2)手軽さ、割安感　高齢者の外食・総菜利用
(3)おしゃれで歩きやすい　シニア女性用パンプス
(4)大人の味のデザート　リンゴの赤ワイン煮

(1)固形燃料化も成功　古布団のリサイクル

廃棄された布団は、かさばるものだけに扱いが難しい。最近は家庭からゴミとして捨てられる量も多く、その処理が問題になっている。布団製造メーカーなど関連団体は、このほど廃棄された布団の固形燃料化実験に成功、古布団の

ふとんを固形燃料化するための実験プラント

回収システム作りに取り組み始めた。

▽増える廃棄量

通産省リサイクル推進課によると、97年に全国で廃棄された布団は五万六千トン。そのうち家庭からは全体の約八割の四万五千トン。布団一枚の重さを約五キロとして九百万枚で、一世帯当たり〇・三枚、つまり三軒に一軒は年に一枚は捨てていることになる。

廃棄量も年々増加し、例えば東京都では96年に三十二万枚、97年に三十四万枚に増え、粗大ゴミ回収量の第一位となっている。

▽打ち直すより新品

こうした背景には、日本人の布団、特に寿命に対する意識変化がある。全日本寝具寝装品協会（メーカー、卸商など四百四十三社加盟）の専務理事、大出広さんは、「60年代までは、敷き布団は三年、掛け布団は五年をめどに打ち直し、三～四回繰り返した後、古綿は座布団に生かす習慣が残っていたが、今ではそうする家庭は一％にも満たないのでは」と話す。

全日本わた寝装品製造協同組合（全日綿）と日本羽毛寝具製造協同組合が95年に首都圏の主婦四百四十六名を対象に行なった調査では、その大半が布団の耐用年数は五～十年と考え、打ち直しをした布団を購入するかどうかの設問にも約八割が否定的で、新品指向の強さを示している。

また同調査では四百二自治体のうち約九割が粗大ゴミか可燃ゴミとして受け入れているが、消費者から業者が下取りした古布団は事業系ゴミとして受け入れない自治体が四三%あった。そのため不当投棄が懸念され、実際に不法投棄に対する住民の苦情が「頻繁あるいは若干ある」という自治体は五割を超える。

▽ボイラー燃料に再生

同協会では、布団が通産省のリサイクルを推進させる指定品目の一つとされたこともあり、96年から布団ゴミの排出抑制の研究に着手。このほど、綿やポリエステルの中綿ごと、そっくり固形燃料化させる実験に成功した。直径一・五～二センチの白い粒で、熱量が高くボイラー燃料として利用できる。

さらに十月末から半月間に期間を限定して、神奈川、愛知、奈良県でモデル店を設け、家庭から廃棄布団を回収する試験事業も始めている。大出専務理事は、「回収を継続的に実施するためには、そのコストを誰がどのように負担するかの問題は避けて通れない。この問題に関する消費者アンケートも実施し、リサイクル・システム作りに生かしたい」。

1998年11月3週号（B版）

(1)仕事と育児を両立　障害児を持つ母親たち

(2)塩素系の削減と分別を　プラスチックの回収

(3)コルク栓を利用　オリジナル・リース

(4)体にやさしい　卵蒸しスープ

(2)塩素系の削減と分別を　プラスチックの回収

包装容器リサイクル法は平成十二年から、すべてのプラスチック包装容器のリサイクルを義務づけているが、それだけではプラスチックのゴミ問題は解決しない。「もっと発想の転換を」と、村田徳治循環資源研究所所長は訴えている。

▽再利用する方法を

プラスチック製品は石油を原料に製造され、ポリエチレン、ポリプロピレン、塩化ビニール、ポリスチレンの四種類が全体の七割を占める。ペットボトルの素材のポリエチレンテレフタレートは四%に過ぎず、しかもそのうちペットボトルに使われるのは二割で、百%回収できたとしてもプラスチック全体の一%にも満たない。

そこで再生するよりも、もっと再利用を追求する方が経済的だ。例えば日本では一度使ったペットボトルは文具や衣類に再生するが、ヨーロッパではデポジット制（店に容器を返却すると容器代を返す）を採用していて、ひとつのペットボトルが二十回以上も使われる。

▽高炉で利用

また微生物でプラスチックを分解させる生分解性プラスチックも開発されている。しかし、微生物の死がいや排泄物、さらにプラスチックに添加されている環境ホルモンなどによる土壌汚染が起きうる危険性があり、結局はこれも使い捨ての発想で、問題の解決にはならない。

こうした中で最も大切なのはプラスチックをプラスチック以外に再資材化とする視点だ。

ヨーロッパではこの考え方が浸透しており、焼却するとき発電や熱利用が義務づけられている。

日本でも最近になって製鉄会社が、破砕したプラスチックを高炉に吹き込む高炉原料化の方法を開発した。

高炉では鉄鉱石をコークスや微粉炭との還元作用により溶鉄を製造しているが、コークスや微粉炭の代替として廃プラスチックが使えることが証明されたのだ。ガス化した廃プラスチックは、その後発電の燃料になる。日本で稼動している高炉は三十基あり、廃プラスチックの全量を処理できる能力を持つ。

▽塩素系の削減

しかし、ここで問題になるのは塩化ビニールのように塩素を含むもので、発生する塩化水素で高炉が腐食するため塩素系を除く選別が必要になる。塩化ビニールは焼却するとダイオキシンも発生する。とすれば今後、塩化ビニール素材を削減、分別することがゴミ問題の大きなポイントになる。

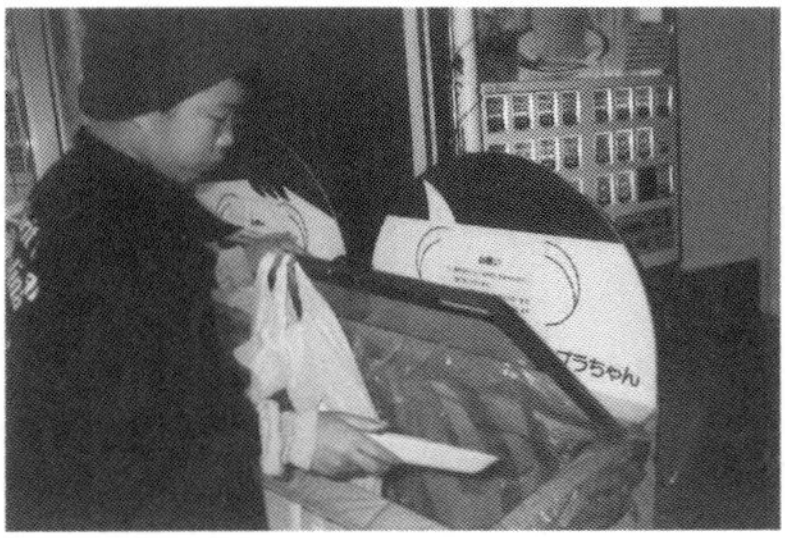

プラスチックの回収が進んでいるが……

1998年11月4週号（A版）

⑴＝社会時評＝「共用品、補助具、専用品　身体機能に対応」
⑵合理性と環境配慮で　増える「量り売り」
⑶シャキッとした歯ざわり　レンコンのかか煮
⑷＝本だな＝　①「おんなのからだと健康の本」「小さなおりがみ　広がる世界」

⑵合理性と環境配慮で　増える「量り売り」

最近、客が欲しい分量だけ買える「量り売り」が、生鮮食品、ビール、オリーブオイル、洗剤、シャンプーまで商品の幅が広がり、人気を呼んでいる。必要な量だけ買って無駄を無くしたい合理性とトレイなど過剰な包装をなくす環境配慮がうまく結びついた例だ。

▽機器を操作して買う

大手スーパーの一つ、ジャスコ（本社・千葉県幕張）では二年ほど前からトレイ売りを減らし、量り売りに力を入れ始めている。キュウリ、トマト、ナスなどの商品コードとそれぞれの単価を表示したパネルを掲示してあり、消費者は欲しいだけの野菜をはかりに載せ、そのコード番号を押し、出てきたバーコードラベルを野菜に張り、レジで清算する。

「パックものを買っても食べきれない」という高齢者や一人暮らしの世帯に好評だが、店側では「量り売り機器の操作がお年寄りになかなかなじまない」という実情を語る。

▽バックの手間を削減

多くのスーパーや生協が量り売りを実施して

1998年11月4週号（A版）

いる背景について、都内の生協関係者は「パックにかけていた時間と手間を削減することで、より安く新鮮なものを提供することができ、集客力向上につなげることができる」と話す。

　また最近一部のデパートが始めたワインや日本酒の量り売りがヒットしているのも「いいものを少量だけ欲しがる」消費者ニーズを的確にとらえたものといえる。例えば一びん何万円もするワインを買うには勇気がいるが、百《ミリリットル》ほど買って試飲。気に入ればまた買いに来る。来店の頻度も上がり、消費者、店双方にメリットがある。

バラ売りするスーパーも増えた

▽賢い消費者に

　一方、こうした売り手側の販売戦略とは別に、トレイ入りでない商品を選ぶことで環境への負荷を小さくしたいという消費者も着実に増えている。

「地球にやさしい買い物ガイド」（講談社刊）を発表した消費者団体、グリーンコンシューマー・ネットワークの中心メンバーの一人、緑川芳樹さんは「量り売りをはじめ、生ゴミのたい肥化など環境保全に対する取り組みを実践しているスーパーは増えており、そうした店を選ぶかどうかもまたグリーンコンシューマー（人の健康と環境への影響を考え、商品と企業を選ぶ消費者）の尺度の一つだ」と話している。

1998年11月4週号（B版）

(1)さまざまなタイプ登場　最新トイレ情報
(2)衰えた機能を補助　ハイテク会話機器
(3)華やかに変身　襟元のアクセサリー
(4)パーティーのデザート　自家製アイスクリーム

(1)さまざまなタイプ登場　最新トイレ情報

災害時、あるいは水洗式や汲み取り式が使えない河川公園や山小屋などのトイレについては、環境汚染から大きな問題になっているが、最近はさまざまな機能のトイレが開発され、注目されている。そこで最新トイレ情報を…

▽建築現場やスキー場に

水も電気も止まった阪神大震災で威力を発揮したのは「携帯トイレ」だった。ビニール袋に汚物を入れるもので、使用後はそのまま土中に埋めるか、焼却処理するものだった。しかし、ビニールがそのままの形で土中に残ったり、また塩化ビニールが焼却時にダイオキシンを発生させるという欠陥が指摘された。

これに対して開発されたのが携帯用「ペーパートイレ」。水道が止まった家庭用水洗トイレの便座に特殊な紙袋を取り付け、使用後は袋ごと土に埋めると、数カ月後には、し尿と共に紙袋も分解される。

また「コンポスト（たい肥）型」がある。これは便槽に微生物を含むおがくずや杉チップを入れ、し尿をバクテリアに食べさせる方法で、年に数回バクテリアを補充したり、たまったたい肥を除去するだけで、継続して使用できる。

しかし、微生物の処理量が限られていることと、逆に小水が多いとえさ不足になりバクテリアが死滅する恐れがある。建設現場やスキー場などに、また富士山頂の山小屋にも実験的に置かれている。

▽電源が必要なものも

「土壌処理型」は、水洗トイレの浄化槽からの水を土壌に通し、バクテリアで処理した水をまた還流させて再利用する方式だ。便槽の少なくても二、三倍のスペースが必要。広い河川敷などに設置された公衆トイレに適している。

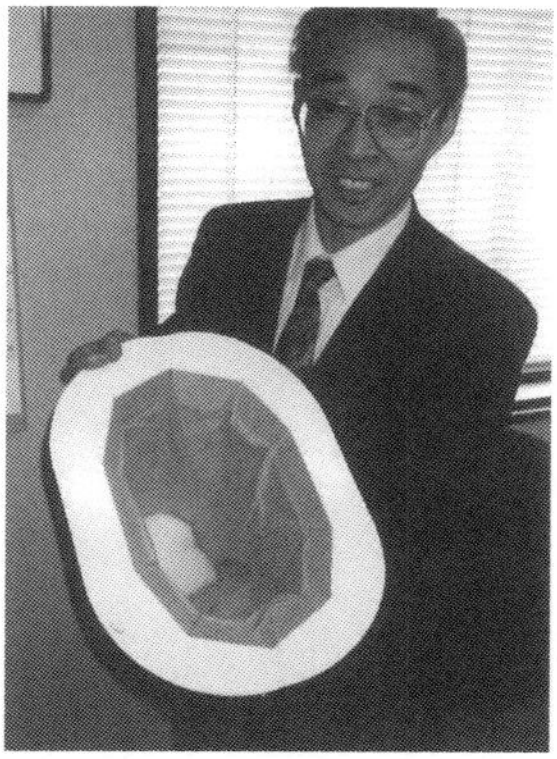

家庭用ペーパートイレを用意しておくと安心

「薬剤処理型」は同じく水洗後、薬剤やろ過によって臭いや色を除去し洗浄水として繰り返し使用する。処理しきれない部分は汚泥化するので、使用頻度に応じて除去する必要がある。

「焼却処理型」は、水で流さず、焼却炉を内蔵した特殊な便器の中に水の代わりに紙シートを敷き、使用後それを下に落とすだけ。電気で加熱、焼却。し尿の水分が飛ばされ、ごく少量の灰が残るだけで衛生的といえる。

これら三つは、水の還流や焼却のために動力として電気を必要とするので、その条件を満たさないと利用できないのが難点だ。

▽気象条件もある

公衆トイレの環境改善を目的に研究者やメーカーなどで１９８５年に設立された日本トイレ協会（東京）の加藤篤さんは「例えば寒冷地ではバクテリアが不活発になるなど、設置される場所の気象条件、あるいは土壌スペースが確保されるかどうか、電源の有無などによってどのトイレも性能が大きく左右される。しかし、今後使用例が増えるにつれ、改善されるだろう」と期待している。

2003年12月1週号（A版）

(1)狭いところに進入できる「ヘビ型」ロボット
(2)生地によって使い分け　ブラシで長持ち
(3)快適に、おしゃれに　タオルにもアンテナ店
(4)貧困解消に使われる　カレンダーで支援

(1)狭いところに進入できる　「ヘビ型」ロボット

災害現場ではガレキ下の被災者を早く、確実に発見することが重要だが、そのとき人間以上に威力を発揮すると期待されているのが、「レスキューロボット」だ。先ごろ開かれた「2003国際ロボット展」には「ヘビ型」が出品さ

れ、会場を訪れた研究者や中小企業関係者から注目を浴びた。

▽被災者に近づく

レスキューロボットはカメラやマイクロホンを使って生き埋めになっている被災者を探し出すことを目的とし、実際に助け出すのは人間が受け持つ。これまで、ガレキの上を飛び越える「ジャンプ型」やラジコンのような「車両型」、空中から見回す「飛行船型」などが開発されてきた。

災害で威力を発揮するヘビ型ロボット

その中でガレキを崩さず、被災者の安全に配慮しながら近づくことに効果的と期待されているのが、電気通信大学電気通信学部知能機械工作科の松野研究室が出品した「ヘビ型」ロボット「ＫＯＨＧＡ」だ。

▽落下しても体勢直す

同ロボットは、全長約2メートルで重さは18キログラム。秒速5センチでゆっくり進む。高さ13・5センチ、幅18センチの箱にキャタピラをつけたユニット6個を関節のように連結させている。それぞれのユニットが上下左右回転の3方向の自由度を持ち、ヘビのように身をくねらせて進む。

同研究室で博士課程を学ぶ亀川哲志さんは「ＫＯＨＧＡ」の企画・製作に中心的に関わってきた。亀川さんはその特徴として次の二つをあげる。

第一は高い運動性だ。まず、狭いところに

入っていくことができ、車輪型が苦手とする障害物の乗り越えもかま首を持ち上げて20チセンまでなら前進する。また、落下して横倒しになっても、身体をひねることで体勢を立て直せる。

▽遠隔操作しやすい

第二は通常のロボットでは先端部など1カ所しかないカメラを頭と尻尾の二カ所につけ、ロボットの両端から得られる情報で遠隔操作しやすくした点だ。亀川さんは「計算は合っていても、実際にロボットが動かすまでは試行錯誤の連続。3年ほどかけてやっとこのレベルにきた。今後は人が出す二酸化炭素や体温などを察知するセンサーを充実させ、実際の災害現場で役に立つものに進化させたい」と意欲を燃やしている。

2003年12月1週号（B版）

(1)初期消火に威力　スクーター消防車
(2)快適で気分も明るく　工夫パジャマを展示
(3)レモンでこする　ひじ、ひざ、かかと
(4)ホームパーティー向き　中華風ローストチキン

(1)初期消火に威力　スクーター消防車

暖房器具による火災が増える季節。特に狭い地域では延焼被害が大きい。最近は初期消火に力を発揮する小型消防車の登場もある。

▽死者数は増加

最近の火災の特徴は、総件数は減少傾向にあるにもかかわらず、住宅火災や死者は逆に増え

2003年12月1週号（B版）

ている。東京消防庁の発表でも、管轄下の今年前半（1月~6月）の死者は前年同期より26人も増えた。

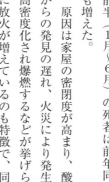

原因は家屋の密閉度が高まり、酸欠死や外部からの発見の遅れ、火災により発生したガスが高密度化され爆燃するなどが挙げられる。さらに放火が増えているのも特徴で、同庁発表でも出火原因の第一位を占め、前年比37%増だった。

小回りがきくスクーター消防車

火災発生となったら素早い初期消火が肝心で、消防車が一刻も早く現場に着き、手早く消火活動を始めることが重要だ。ところが狭い路地や交通渋滞が障害になることも少なくない。

▽スクーター型

その中で先ごろ開かれた「東京国際消防防災展」（東京消防庁他主催）で、250CCのスクーターの消防車両が注目された。座席下と後部に60《リットル》の水槽を内蔵し、高圧噴霧消火装置を搭載、消防ポンプ自動車と同じく走行用エンジンを同消火装置の駆動に利用する。渋滞や狭い路地にも対応でき、パトロール車として放火を未然に防いだり早期発見・消火も可能だ。

何よりの特徴は、世界では消火の大きな流れの一つになっているウォーターミストという、超微細な霧を噴霧する消火法を採用していることだ。

水を霧に変えてガンで噴霧し、気化熱による冷却と酸素濃度を極度に薄める作用で消火する。従来の大量放水の30分の1の水量で同程度の消火効果が得られる。

▽環境汚染もない

例えば60リットル《リッ トル》の水量なら10分間連続噴霧でき、乗用車2台の規模を消火できる。近年大きな問題になっている大量放水による水損被害も最小に留められる。その上、水のみで二酸化炭素やハロンのような化学物質を使わないので、環境汚染の心配も少ない。

来年以降の採用となる予定だが、一刻を競う初期消火に、強力な援軍となることは間違いなさそうだ。

2003年12月2週号（A版）

(1)医師任せにしない　薬の服用心得
(2)おやつを選ぶ目養う　食品添加物を知る
(3)現代人を癒す効果　ぬいぐるみ風まくら
(4)Xマスのオードブル　サケのマリネ

(2)おやつを選ぶ目養う　食品添加物を知る

子どもたちが菓子を題材に、食品添加物について学ぶ授業が東京都内の小学校で行われた。約60名の6年生と保護者が出席し、日ごろのおやつの選び方や安全性について、さまざまに学んだ。

▽3つのポイント

授業を企画したのは品川区立京陽小学校（東京）の6年2組担任、日暮肇教諭。「ある授業で児童が行った食品添加物の発表をきっかけにクラス全体で食品添加物の安全性に関心が高まった。そこでNGO『大地を守る会』へ授業をお願いした。」

講師は同会で加工食品の安全審査を担当している南忠篤さん。南さんは「食品添加物の害をできるだけ少なくする」ために次の3点を指摘した。

第1は「リン酸塩」に要注意。これは汎用性が高く、例えば「イカの練り菓子」には肉同士のつながりをよくするため、ケーキやパンには発酵を促進させるイーストフードとして入っている。リンは食べ過ぎると体外に排出されるが、カルシウムと結合して出ていく。そこでリンの摂りすぎは骨内のカルシウムを減少させる恐れがある。

おやつを選ぶ目を養うことが大切

▽生活習慣病に

第2は「ナトリウム」の問題だ。着色料や保存料など食品添加物の多くは水に溶けないが、ナトリウム（食塩）と結びつくと水溶性が高くなる。そのため着色料などの使い勝手をよくするためにナトリウムと結合させている。従って食品添加物を摂りすぎれば、結果的に食塩の摂取過多となり、高血圧などの生活習慣病にもなりやすい。

第3は「食べ過ぎないこと」。食品添加物の使用量の上限は体重50キログラムの成人を基準にしているため、体重が25キログラムの子どもでは大人と同じ食品の半分を食べただけでその量に達してしまう。例えば、ポテトチップス一袋だけでは物足らず二袋食べたとすると、上限の4倍の量を摂取したことになる。

授業終了後、子どもたちは「リン酸がカルシウムと一緒に出て行く話にびっくり」「食べ過ぎないようにしよう」「袋の表示をよく見るようにしたい」と活発に感想を話し合っていた。

南さんは「1日3食のうち、1食は添加物ゼロを家族全員で心がけていけば、お菓子の選び方も自然に変わっていく」とアドバイスする。

2003年12月2週号（B版）

(1)障害の有無にかかわらず　車いすバスケット競技
(2)触ると反応　人間に近づくロボット
(3)二つの食感楽しむ　チーズとパンの相性
(4)＝新刊紹介＝「ひきこもり　セキララ」

(2)触ると反応　人間に近づくロボット

介護や家事、話し相手など生活支援型ロボットが期待されているが、人間と同じような皮膚の柔らかさや感覚を持つロボットが開発されつつある。

▽動きがリアル

先ごろ東京で開かれた「国際ロボット展」（日本ロボット工業会主催）で人気を集めたのが、本物の女性のように見える等身大のイベント案内嬢ロボット。身振り手振りや口の開け閉めもなめらかに、イベント内容を客に説明する。瞬きしたり黒目が動いたりと、目の動きも

2003年12月2週号（B版）

人間と見まごうようなロボット登場

リアルだ。

歩くことはできないが、腰の関節が二重になっていて重心の移動ができ、体を斜めに傾けたり、後ろから肩に触れられるとセンサーが感じて後ろを振り向いたり、31カ所の関節を自然に近い動作で動かすことができる。

動力源にモーターや油圧ではなく空気圧を使っているので、体重も25キログラムと軽く、シリコンゴム製の皮膚は人間の肌のように柔らかでなめらか。

▽高度な皮膚センサー

最大の特徴は開発中の皮膚センサーを一部に取り入れていることだ。人間は皮膚に触れられたり押されたりすると、よけたりさまざまな反応をするが、同じような皮膚感覚をロボットの皮膚でも実現しようという試みだ。

具体的には、薄く柔らかな素材の皮膚の下に高感度薄膜センサーを血管のように高密度に張り巡らせてネットワーク化し、皮膚のどの部分でも刺激をキャッチして必要な反応や対処をできるようにする。

しかも一部の回路が故障してもネットワークが機能できるように、例えば人間の血管や神経の一部がダメになったときにバイパスを作るように、「自己組織化」する機能や判断力を持つセンサーを目指す。

この案内嬢ロボットのセンサーのネットワー

ク化はまだだが、「触れるとわかり、人に安全で優しくしかも一緒にいて楽しい」ロボットを日本は開発しようとしているのは確かだ。

2003年12月3週号（A版）

(1)妊娠中シートベルト着用　母体や胎児の保護に
(2)水量最大、水流弱で　特殊加工カーテン洗う
(3)モダンでキュート　日本製ブランドバッグ
(4)おやつにも軽食にも　中華風ちまき

(3)モダンでキュート　日本製ブランドバッグ

「金襴緞子《きんらんどんす》」といえば、豪華な模様の織物だが、この「金襴《きんらん》」を生地に使い、モダンでキュートに仕立てた日本のバッグがファッショナブルな女性たちに注目されている。

▽伝統織物を生かす

「金襴」とは、金箔をごく薄い和紙に張り、糸のように細く切った金糸を織り込んだ日本を代表する伝統織物だ。将軍や大名の衣服、ひな人形の衣裳、能装束、高僧の袈裟《けさ》などに用いられ、1590年ごろから京都西陣で織られ始めた。

この金襴を生地に用いて、現代風なモダンなバッグに仕立てたのは、40年のキャリアと高い技術を持つ地元大阪のカバン職人。販売元(株)ジェイセレクションの松田壽美子社長は「京都の伝統織物と、大阪が誇るカバン職人の技術を結びつけ、日本の文化と質の高い技術を再認識してもらいたいとの思いからこのブランドを考案した」と語る。

▽新しい日本の美
写真は百人一首の文様を鮮やかに織り込んだショルダーと大型バッグ。ファスナー部分には扇をイメージした引き手が施され、バッグ内側には携帯電話入れなど多種のポケットが付き機能性が高い。モダンなデザインは、スーツやパーティドレスなどのフォーマルな服装だけでなくジーンズなどカジュアルな服装にもマッチし利用範囲が広い。他に秋草文様や手まりをかたどったものもある。

金襴を使った『Sumiko』ブランドのバッグ

高い技術、伝統とデザイン性を兼ね備え、「新しい日本の美」を表現したバッグは、年代を問わずファッションセンスの高い現代女性から支持されている。

2003年12月3週号（B版）

(1) 4つのポイント　遠距離の親を見守る
(2) いすには浅く腰掛ける　振りそでの着こなし
(3) 各地で新しい家具作り　国産のスギ、ヒノキで
(4) 飼い主とコーディネート　犬にもドレス

(1) 4つのポイント　遠距離の親を見守る
高齢期の親と別々に暮らすケースがますます増えている。呼び寄せやUターンが難しいとな

ると、遠距離介護が避けられないが、その前に必要なことがある。先ごろその心構えを学ぼうと市民団体が講演会を開いた。中高年の夫婦など100名近くが集まり、関心の高さをうかがわせた。

▽週に一度の電話

「故郷で暮らす老親のこころを知ろう！実家の親のもの忘れや落ち込みが気になったとき」（主催『離れて暮らす親のケアを考える会パオッコ』・東京）で、講演したのは高齢者心理とカウンセリングが専門の「あいマックスメンタルヘルス研究センター」代表の大塚博巳さんだ。

同氏はまず「週に一度は電話をかける」ことを挙げる。2001年の『高齢者の生活と意識に関する国際比較調査』（内閣府）によれば、過半数が「月に1～2回」「年に数回」しか親に電話するか会いに行っていないのが現状だ。

▽経過をメモする

次いで、「そのとき得られた情報を経過観察メモとして記録しておく」。同じ話を何度もするなどの「もの忘れ」は加齢によるものと痴呆によるものとの二種類があるが、その区別をするためにもメモが役立つ。さらに体調、食事、水分の3点に注意。わけのわからないことを言い始めたので痴呆かと思っても、水分不足によるせん妄状態というケースも少なくない。親しい友人の死や病気がきっかけで「うつ症状」になることも多い。そうした身辺の環境に変化がないかどうかのチェックも必要だ。

第3に「親をサポートするネットワークを前もって作っておく」。

介護保険や高齢者家庭を訪問する在宅かかりつけ医などの公的なサービスのほか、近所の商店や知り合いに見守りを依頼するなどの工夫も必要だ。

第4に「交通費も含めケアにかかる費用」。兄弟姉妹がいれば、その配偶者も含めて、親が元気なうちから費用の分担など話し合っておくと、いざというとき対応がスムーズだ。

パオッコ代表・大田差恵子さんは「今、切実な問題になっていたり、今後に不安を持つ人にとって、貴重なアドバイスだ」と、今後もホームページなどを活用して、遠距離介護中の会員の声や具体的な支援方法について、情報を提供する予定だ。

2003年12月4週号（A版）

(1)主食と副食をしっかり　受験生の食生活
(2)車で省エネ体験　環境教育に効果的
(3)フレッシュ、エレガンス　正月の母娘の装い
(4)＝新刊紹介＝「女性の〈からだと心〉安心医学　ウィメンズ・メディカ」

(2)車で省エネ体験　環境教育に効果的

地球温暖化防止のための環境教育を子どもたちに広げるための取り組みとして、ユニークな車が登場し、学校や行政、ＮＧＯなどから注目されている。

▽各種ソーラーグッズ

「ＮＥＯ」（Ｎｅｗ　Ｅｎｅｒｇｙ　Ｏｒｉｇｉｎの略・新エネルギー起源）と名づけられた体験車は大型バンで、屋根には高さ1《メートル》強の太陽光電池パネル（１２５《ワット》）が3枚付けられ、中には一人乗りソーラーカー、風力発電機（１３０《ワット》）、ソーラークッカー、ソーラー充電器などの新エネルギーグッズのほか、省エネ型のテレ

ビ、電気ポットや蛍光灯、扇風機などの家電製品など約50種類がセットされている。

同車を企画・製作したのは、10年前から地球温暖化防止に焦点を当てた活動を行っている（NPO法人）ソフトエネルギープロジェクト（神奈川県横浜市）だ。

▽小学校から体験

小学校などの研修現場では、ソーラーパネルや風力発電機によって発電された電力が車内のパネルに表示されるほか、それらの電力を使って実際に家電製品を動かし、その待機電力や消費電力も測定できる。省エネ型家電とそうでない家電の違いが一目でわかる。

省エネを体験させる大型バン

同理事長の佐藤一子さんは「横浜市内の小学校でNEOをデビューさせたが、屋台のような車に子どもたちは大喜び。家電の消費電力を測定したり、実際にソーラークッカーでご飯を炊くなどした。保育園や小学校でこうしたエネルギー問題に触れた体験が将来の生活スタイルを大きく左右する」と狙いを話す。

さらに「今後3年間の車のリースだけでおよそ600万円がかかる。神奈川県からの助成なしにはこの企画はできなかったし、私たちNPOだけの力でこうした体験車を増やしていくことには限界がある。今後は各都道府県に一つは配備することを行政などに働きかけていきたい」と意欲を燃やしている。

2003年12月4週号（B版）

(1)憧れの環境分野　盛況だった就職相談
(2)紙を何度もリユース　消せるトナー登場
(3)天然木目の美しさ　新しいランプシェード
(4)ひき肉をはさんで　マッシュポテト・パイ

(1)憧れの環境分野　盛況だった就職相談

年々増える環境分野に就職したい学生を対象に、企業で環境関係の仕事に就く20〜30代の70人が新しい情報の提供やアドバイスをする「環境就職進路相談会」が東京で開かれ、大盛況だった。

▽リアルな体験談

主催したエコ・リーグ（全国青年環境連盟）は、全国150大学の環境サークルの集合体で、現役生と29歳以下の先輩社会人が、若者の環境活動を総合的にサポートする活動をしており、同相談会もその一つ。参加者は300人を軽く超え、用意した3会場は常に鈴なり状態だった。

「環境分野の仕事に甘いイメージを持つ学生が多いので、実際に企業で働く先輩からリアルな話を聞く機会をつくった」と、同実行委員長の小林功英さん（団体勤務）。

先輩たちの職種は、自治体や企業の環境部門を始め、アセスメント、機械や電気の開発部門、環境関係の投融資制度を検討中の金融マン、自然保護やリサイクルを担当する国家公務員、廃棄物の電子取引市場を運営する起業家、NPOなど多種多様。

環境分野の就職の実情を聞く学生たち

▽基本は人間関係

先輩1人に、あらかじめ申し込んでいた学生たち数人が一緒に質疑応答をする。それが数回繰り返されるので、学生は4～5人の先輩の話を聞くことができる。

参加した学生からは、「ひとくちに環境といっても、専門知識より事務能力や人間関係が問われる仕事が多いことがわかった」「ビジネスとしてどこまで伸びるか不透明な部分もあると実感。簡単に憧れるわけにいかないとわかった」「森林間伐のボランティアをしているが、専門の建築と環境をつなぐ仕事をしたいと思っていたので、省庁の人の話などが参考になった」など、今後の就職活動に役立つという声が圧倒的に多かった。

▽学生時代の活動必要

小林委員長は「インターネットでは得られないアドバイスが与えられたのでは。企業の環境部門は他の部門を動かすので、新人は配属されないし、専門知識より幅広い教養と現場に通じていること、人間関係が大事なことを知って欲しい。また学生時代から環境ボランティアなどで具体的に社会と接しているほうが、面接でも自分の意見を主張できる」とアドバイスする。

2008年1月1週号（A版）

(1)癒しやリフレッシュ効果　人気広がる歌声喫茶
(2)労働者同士の相互扶助　各地で広がる組合活動
(3)多種多様な加工技術　注目、ピッグスキン
(4)半幅帯やつい丈で　タンスのこやしを再利用

(2)労働者同士の相互扶助　各地で広がる組合活動

短期契約や派遣など非正規社員が全体の3割を超え、新たな貧困層「ワーキング・プア」が増えている。最低賃金を下回る低賃金や残業手当の不払いなど不当な扱いに、労働者として仲間同士、支え合って正当な権利を守りたいと組合を結成する動きが各地で広がっている。

▽あきらめない

この新しい動きは、フリーターのための個人加盟のユニオン結成から始まった。そのパイオニアの一つ、「フリーター全般労働組合」（東京）は3年前に結成され、団体交渉を実際に行い、未払い賃金の支払いを獲得するなど、成果を挙げている。京都や福岡でも同様の活動が始まっている。

さらに製造業派遣の現場にもユニオン結成が及んでいる。自動車などの製造業の現場労働者は、失業率の高い東北、北海道、あるいは九州、沖縄などから上京して寮住まいをする、いわば「新・出稼ぎ」。3カ月程度の短期契約で職場を転々とするうえ、しかもその多くが労働

相互扶助の活動も広がっている

基準法の知識や情報に乏しく、募集・採用時の約束が守られていなくても、あきらめている人が圧倒的に多い。

製造業派遣の現場でのユニオンを横断的につないだ「ガテン系連帯」（東京）代表の池田一慶さんは「個人でも月額250円の会費で会員になれる。ケータイやパソコンメールで簡単に相談できるので気軽に問い合わせをしてほしい」と呼びかける。

▽たすけあいが原点

若者を中心とした新しい動きについて、労働組合論が専門の木下武男昭和女子大学教授は、「労働組合の原点である相互扶助の精神に立ち返ったもの。正社員と非正規との格差があまりにもありすぎる。こうした差別構造を是正するには正社員の意識改革とともに、非正規社員の助け合いが不可欠」と指摘する。

具体的な試みも始まっている。フリーター支援に熱心な「首都圏青年ユニオン」などが中心となって結成した「反貧困たすけあいネットワーク」（東京）では、6カ月以上の加入で、病気で1日1000円（上限3万円・年1回）のたすけあい金が給付される。また、生活困窮時には1万円の無利子貸付（同）の制度もある。

木下教授は「全体的にはユニオンの動きはまだ点に過ぎないが、今後、様々な職種の現場で花を咲かせる希望が見えてきた」と期待を寄せる。

2008年1月1週号（B版）

(1)子育て支援、高齢者の自立　高齢化本番への備え
(2)ガラス繊維の代替に　竹繊維を高度利用
(3)大きめがトレンド　手作りコサージ
(4)おせちの口取りに　キンカンの甘煮

(1)子育て支援、高齢者の自立　高齢化本番への備え

75歳以上の後期高齢者が人口の10％を超え、10年後には15％、今世紀半ばにはなんと4人に1人が75歳以上になる見通しです。さらに驚くことに、100歳以上高齢者が70万人に達する見込みです。（国立社会保障・人口問題研究所推計）。いよいよ高齢化本番です。

▽「老いた」高齢化社会

今までの高齢化はヤングオールド中心の、いわば「若い」高齢化、しかしこれからは本物の「老いた」高齢化社会になります。年金、医療、介護、子育てなど、どれ一つをとってもこの「老いた」高齢化の束縛から逃れることはできません。

誰も経験したことのない高齢化本番の社会は世代による老後の格差という深刻な問題をもたらすことになります。

最近、東京大学上野千鶴子教授の『おひとりさまの老後』（法研）が売れています。上野教授独特の歯切れのよい文章で、備えさえ怠らな

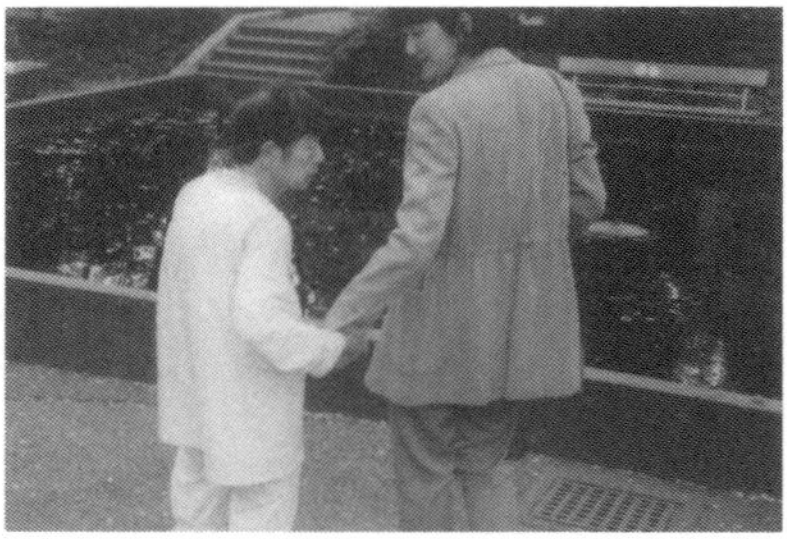

これからが高齢化の本番を迎える

ければ、シングルの老後は決して怖くないこと、家族や子どもに頼らない介護が可能であることを強調しています。

でも、ほんとうにそうでしょうか。

▽広がる世代間格差

上野教授は団塊の世代です。団塊の世代はその成長のプロセスに象徴されるように、豊かな社会に育ち、高い教育を受け、仕事に就いてキャリアを積むことが可能であり、その努力が報われるというライフコースを歩いています。しかも、同世代のほとんどが子どもを生み育ててくれています。

それに比べて団塊の世代ジュニアとそれ以後の世代はまったく違う社会のなかで人生を送ることになります。不安定で先の見えにくい生活を余儀なくされることが多いうえに、結婚もままならない大量の若者がいます。その彼らの頭上には、団塊を含む巨大な高齢者集団がどっかと居座っています。そんな彼らに優雅な『おひとりさまの老後』が可能なのでしょうか。

▽新しい仕組み作りを

これから確実に現実のものとなる高齢化本番の社会は、世代間の介護格差が現実ものになる危険をはらんでいます。そうならないためにも、子育て支援を大切な柱とし、そのうえで、高齢者が自立しやすい体勢をつくり、最後の介護は介護保険を中心とする社会制度とメンタル面で支える家族とが連携して分担する仕組みを作り上げなければならないと考えます。

（NPO法人〝死ねない〟時代研究会代表、中野英子）

2008年1月2週号（A版）

(1)生産者の自立や環境保全　フェアトレード・チョコ
(2)給食や外食レストランに　活用、リサイクル陶磁器
(3)目新しいおしゃれ　個性的なロング手袋
(4)シンプルなおやつ　そばぜんざい

(1)生産者の自立や環境保全　フェアトレード・チョコ

チョコレートの季節が近づいた。途上国の立場の弱い生産者を支援するフェアトレード（公正貿易）によって輸入されたチョコを送って、身近な人にフェアトレードを広めてみては。

▽適正な価格で

フェアトレードとは、生産者と原料・商品を適正な価格で継続して取引することで、生産者の経済的・社会的自立と環境保全を支援する活動。公正な貿易の普及をめざし1989年に国際フェアトレード連盟が結成され、日本でもフェアトレードに対する関心が高まっている。

森林を伐採して作られた大農場でのカカオ収穫や児童強制労働などが問題になるチョコレート。フェアトレードの衣料や雑貨を扱う「ピープル・ツリー」（東京）では児童労働の排除、

フェアトレード・チョコは若い人に人気

環境への配慮など趣旨を解説するカードを同封したハート型のミルクチョコレート「ラブチョコ」（3個入り・300円）を新発売した。贈る人、贈られる人だけでなく、「作る人」も幸せになれるようにとの思いが3つにこめられる。

▽小規模農家が組合結成

ハート形チョコが約50個入った250グラム入りのパッケージ、7種類の板チョコ（50グラム・250円）、ラム酒やヘーゼルナッツパウダーなどのフィリング入りの板チョコ（100グラム・510円）も毎年人気だ。

　これらのチョコレートのカカオを生産するのは、南米ボリビア北部の小規模農家による組合「エル・セイボ」。化学肥料や農薬を使わずに有機栽培でカカオを育てる。輸送手段を持たなかったころ、仲買人に不当な対価でカカオを売るしかなかった農家の人々が、共同でトラックを購入し、77年に組合を結成し自分たちで運営するカカオ工場を設立した経緯がある。

▽添加物なしで作る

　ブラジルのカシューナッツや南アフリカのレーズン、フィリピンの黒砂糖など全ての原料が、現地の環境に配慮し作られ、作る人に適正な対価が支払われる。そして各国から届いた材料をおいしいチョコレートに仕上げるのは、スイスの家族経営工場。

節電、節水できる調温システムで72時間かけて練り上げる。カカオバターの代替としての植物性油脂や、乳化剤としての大豆レシチン、その他香料、保存料などの添加物は使用せず、遺伝子組み換え食品が混在することはない。また、可能な限り環境負荷の少ない船便を利用して輸入される。

人と地球にやさしいチョコレートにメッセージを添えてみてはいかが。

２００８年１月２週号（B版）

(1)暮らしに家紋デザイン　紋切り遊びを楽しむ

(2)高い貢献度、有望性　これからのロボット

(3)＝生活情報＝　滅菌、殺菌、除菌、抗菌用語の意味を知る

(4)＝新刊紹介＝　「かんたん美味　お料理歳時記」

(2)高い貢献度、有望性　これからのロボット

今年も生活や産業などさまざまなシーンで活躍が期待されるロボット。昨年末に発表された「今年のロボット大賞展２００７」（経済産業省他主催）では、こんなロボットたちが将来性を買われて受賞した。

【動くオーディオ】

ｉＰｏｄなど携帯音楽プレーヤーやパソコンの音楽ライブラリーを再生するオーディオは数多く発売されているが、糸巻きを転がしたような形のｍｉｕｒｏ（ミューロ／㈱ゼットエム

世界初の動くオーディオロボット

ピー）は、世界初の動くオーディオロボット。

例えば糸巻きのしん部分にｉＰｏｄをセットすると、音楽に合わせて踊ったり、移動しながら音楽を楽しめるという全く新しいスタイルの共感型音楽ロボットで、音響メーカーのケンウッドと共同開発の高音質のスピーカーも特色。すでに５００台はネットで完売し、08年８月に量産化発売の予定。（最優秀中小・ベンチャー企業賞受賞）

【血液検体を搬送】

検診などでの採血の検体は、24時間検査体制でなければ追いつかないのが現状。そこで血液検体をストッカーから受け取り、複数の血液検査装置に分配し、検査後は回収ストッカーに戻すという一連の作業を、夜間でも複数の自律ロボット群がこなすのが、血液検体搬送ロボットシステム（松下電工）。

ロボット移動のガイド線を不要にした無軌道自律走行型で、ロボット同士が連携してチームワークで動く知能を備える。すでに検査会社で稼動しており、人の邪魔にならない自律行動ができるとあって、ロボットと共生の職場ともなっている。（日本機械工業連合会会長賞）

【内視鏡手術用】

患者の身体的負担が少ないとされる内視鏡外科手術は、最も高度な技術を要求される。技術的困難さを、患部の三次元画像やＭＲ（磁気共鳴診断）画像の誘導、人の手のように微細に動く手術用ロボット鉗（かん）子で打開し、正確で安全な高度な手術を実現するのが、MR画像誘導下小型手術用ロボティックシステム（九州大学、日立製作所他）。

遠隔操作が可能なため、救急車内などいつでもどこでも高度な医療を受けられるためのロボットでもある。研究開発段階だが、システムの一部から実用化が始まりそうだ。（審査委員特別賞）

2008年1月3週号（A版）

(1)建物のエコ度を表示　マンション選びを左右
(2)硬水は肉の煮込み料理に　ミネラル水の使い分け
(3)継ぎ目のないシェード　和紙すきに新しい技
(4)ビタミンCたっぷり　ブロッコリーのスープ

(1)建物のエコ度を表示　マンション選びを左右

耐震やバリアフリーなどマンションの性能は多様だが、最近、クローズアップされているのが環境への配慮だ。ヒートアイランドや温暖化への影響を緩和するためにも建物のエコ度がマンション選びを左右する時代が近づいている。

▽4項目を表示

環境への配慮をいち早く広告に表示させたのが東京都で、3年前に「マンション環境性能表示制度」をスタートさせた。対象は延べ床面積1万㎡超で、住居部分の延べ床面積が2000

屋上庭園もマンションのエコ度に貢献する

㎡以上の分譲マンションで、新聞・雑誌の掲載広告やちらし広告、ホームページなどでラベル表示することが義務づけられた。

さらに昨年7月からは条例の対象外であっても希望するマンション（延べ床面積7000㎡の分譲および賃貸マンション）も表示できるようになった。

ラベルに表示されるのは「建物の断熱性」「設備の省エネ性」「建物の長寿命化」「みどり」の4項目。それぞれ星の数が多いほど性能が高い。星1つは建築基準法などで求められている水準、2つはそれよりも上、3つは最も優れたとされている。

▽資産価値に反映

例えば、「設備の省エネ性」は給湯、ビルトインエアコン、床暖房の省エネ性能の度合いに応じて点数を付け、点数が高いほど星の数が多くなる。CO_2冷媒ヒートポンプ給湯器（エコキュート）など、最先端の省エネ設備が設置していると点数が高くなる。

全体的には「建物の断熱性」と「設備の省エネ性」が高ければ、光熱費が安くなり、「建物の長寿命化」と「みどり」が高いとマンション自体の資産価値が高くなる。

これらの情報は東京都のホームページ上で公開され、http://www2.kankyo.metro.tokyo.jp/building/eco/evaruate.html 制度が発足した一昨年度は1件の表示だったのが、昨年度は28件、今年度は11月末現在で44件にのぼっている。

▽広がる表示制度

公開物件のうち、星の数が9個あればほぼ平均で、星の数3つが二項目以上あれば優れたと評価できる。こうした評価や表示制度は名古屋市や川崎市など大都市を中心に13自治体に広がっている。東京都環境局都市地球環境部の山本明環境配慮事業課長は「温暖化への関心の高まりとともに、マンション選びにも環境配慮を重視する傾向が強くなっている。購入予定者への情報提供とともに、建築主の取り組みへの意欲を高めることができれば」と期待する。

2008年1月3週号（B版）

(1)ポジティブな使い方　ケータイで映画作り
(2)木材本来の色を引き出す　米ぬかから塗料
(3)色の変化を楽しむ　冬の花壇にハボタン
(4)いためものや付け合せ　栄養豊富なスプラウト

(1)ポジティブな使い方　ケータイで映画作り

教育の現場で弊害が強調されることの多いケータイ。そんなイメージを払しょくしポジティブな使い方を試みようと、3つの公立小学校でケータイを使った映画作りをする画期的な取り組みが行われた。

ケータイでの映画作り

▽大学院生の指導で

この試みは昨年12月に3日間、横浜で開催されたケータイで撮影した映像を集めた日本初の映画祭「ポケットフィルムフェスティバル」に先立ち、「表現するケータイ」の可能性を探るために行われたもの。

ポケットフィルム作りに挑戦したのは、長野市立西条小学校3年生、八王子市立第一小学校6年生、墨田区立押上小学校6年生。図工の時間に東京藝術大学大学院生やNPO学習環境デザイン工房、ソフトバンクグループなどスタッフが学校を訪れ指導に当たった。

▽物語、撮影、編集まで

図工の時間（90分）を2回使った八王子市立第一小学校では6年生の2クラス（57人）がクラスごとにチャレンジ。一グループ4人で与えられたケータイを使用し、撮影する人、される人など役割を交代しながら、1回目は練習、2回目で制作。子どもが要望を伝え学生が数分に編集して14作品を完成した。

物語を作ること、撮影することに子どもが夢中になり、ホラーやサスペンス、何かになりきったり、ごっこ遊びのような作品が目立った。作品の出来上がりよりプロセスに重きを置くため、極力指導は避け、子どもたちに主体的に撮らせた。

出来上がった作品をみて子どもたちは「長すぎる」など辛口の評だったが、次回はこうしてみたいという要望が出た。指導に当たったNPO学習環境デザイン工房代表の苅宿俊文さんは「昔のごっこ遊びを再現することによりコミュニケーション能力を育むことができる」と話す。

▽共同作業のツールに

「学生の後押しがあり広がりをみせ、こうしたいという思いが編集までつながった。表現するメディアとして有効」と同小学校の図工教員の吉岡琢真さん。共同作業のツールとして可能性がありそうだ。

「ポケットフィルムフェスティバル」は05年からパリ市立映像フォーラムが毎年開催している映画祭で、東京藝術大学と同フォーラムが提携したことで、今回同大学横浜キャンパスで開催の運びとなった。

2008年1月4週号（A版）

(1)浴槽、手すり、補助具　わが家の介護力を高める

(2)果物の皮で器やオブジェ　目新しいピールアート

(3)ビタミンなど栄養豊富　黒色食品の効用

(4)＝新刊紹介＝　『「ひとりの老後」はこわくない』

(1)浴槽、手すり、補助具　わが家の介護力を高める

高齢時に在宅で暮らすためにはさまざまな福

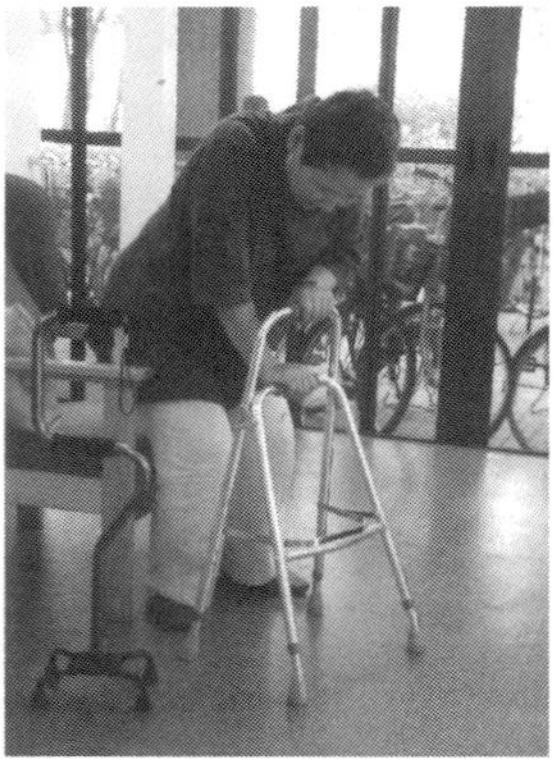

「サイドステッパー型つえ」ならより安心

祉サービスが不可欠だが、住宅を効果的にリフォームすることで、サービスを利用しなくても自立できる。「住宅の介護力」ともいえるそのポイントを建築家、安楽玲子さんは次のようにアドバイスする。

【浴槽の高さを点検】

介護力を高めるリフォームには次のポイントがある。一つは「浴室のバリアフリー」。高齢者の家庭内事故死のうち浴室内事故死の割合は実に3割。脳血管障害や心臓発作が多いが、予防するには血圧を上下させる動きがない方がよい。

例えば高齢者がまたぎやすいと浅めの浴槽（床面から35～40センチ）が主流だが、またぐよりもバスボード（浴槽の上に置くプラスチック板）などにいったん腰かけてから浴槽内に入る方が安定する。そのため浴槽の高さは逆に40～45センチがよい。

さらに、シャワー浴装置があるといすに座ったままでシャワーを浴びられ、浴槽と同じ温熱効果が得られる。

【手すりは後で】

次に「手すり」。事故を起こさないようにと家中に取り付けられている例も多いが、あらかじめつけるよりも本当に必要になったときに、その場所に付ける。トイレでは便座に取り付けるタイプもある。ただし、階段には下りの利き手側だけにでもあると安心だ。

また、部屋と廊下など1㌢前後の段差がある場合、幅の狭いミニスロープを使うより柱に縦の手すりをつけた方が、体のバランスを崩さない。

【補助具を活用】

そしてもっと活用したいのが補助具だ。つえや歩行器などを使えば、手すりと違って壁のないところも自由に移動できるし、介護保険が適用され月額100～200円でレンタルできることも安心だ。

特に狭い廊下などでも使いやすいのが「サイドステッパー型つえ」。幅は40㌢ほどで、高さは80㌢前後。握りは前後二カ所で、4点つえ（ステッキの脚が4つに分かれているタイプ）よりも安定感がよい。また玄関にはちょっと座れるいすがあると、靴の着脱に便利で立ち上がりも楽になる。心身の状態や生活スタイルに応じた補助具を選びたい。

住宅を改造しても家のなかが散らかっていては効果半減。転倒のリスクも高くなる。整理整とんを心がけると気分もよく家事への意欲もわく。

2008年1月4週号（B版）

(1)負荷の少ない国産品　食材選びでCO_2削減
(2)遺骨を身近に置きたい　広がる手元供養グッズ
(3)イヌもファッショナブル　ペアルック・ショー
(4)体が温まる　肉だんごとカブのくず煮

さまざまな手元供養グッズが……

(2)遺骨を身近に置きたい　広がる手元供養グッズ

遺骨の一部を身近に置いて供養する手元供養が広がっている。ミニ骨つぼやプレートなどを作る業界もNPO法人手元供養協会を立ち上げ、趣旨の普及や相談に応じる。

▽業界がNPO設立

都市化や少子化を背景に、従来の葬儀や墓が変わる中、「遠いし高齢のため墓参りが困難」「墓が高額なので代替として」「親の骨と一緒にいたい」「海外永住のため移動可能の墓として」などの理由から手元供養がクローズアップされ始めた。

しかし分骨や粉骨化をタブー視する風潮も大きいため、同協会では成仏と分骨は関係のないことや、正式な手続きで火葬を済ませた遺骨を自宅で保管するのは問題ないことなど、仏教や法律の専門家の意見を知らせる。遺骨への怖れや敬意を持たず品質も劣る業者による手元供養グッズを防ぐため、勉強会を重ねてきた業者たちによるNPO法人設立もすることにした。

▽遺骨をグッズに

同グッズは、遺骨を加工する場合と、納骨する2タイプに大きく分かれる。

前者では遺骨の一部を粉末にした名詞形のプレート（エターナルジャパン）があり、焼骨成分70％と遺骨の高配分のファインセラミックスで、シンプルで控えめなデザインや彫字が特徴だ。

後者には遺骨の一部や粉末を納める清水焼の地蔵（京都博國）や四国産の高級墓石素材の庵治石による卓上モニュメント（五峰）、遺骨を入れるプラチナや18K、銀のペンダント、カラフルなガラス製骨壷（方丈）などさまざま。

祭壇代わりに飾る場合も多く、無宗教を貫きたい、子孫に負担をかけたくない、墓を守る後継者がいないなど、置かれている状況は複雑で多様化しており、手元供養は遺族と本人の供養ときずなといえる側面も。

「家に保管できない場合の永代納庫の設立も考えている」と、同協会の野澤司理事は語る。

２０１３年２月１週号

(1)手順変わる心肺蘇生法　胸骨圧迫だけでも有効
(2)体温め、血行よくする　酒かすの楽しみ方
(3)近隣とのトラブル防止　まきストーブ購入心得
(4)すぐ脱ぎ着できる　ポンチョ風ベスト

(1)手順変わる心肺蘇生法　胸骨圧迫だけでも有効

目の前で人が突然倒れたとき、人命救助に役立つ心肺蘇生法。10年に国際ガイドラインが改定され手順が変わり、シンプルで実行しやすくなった。一刻も早い胸骨圧迫心臓マッサージ開

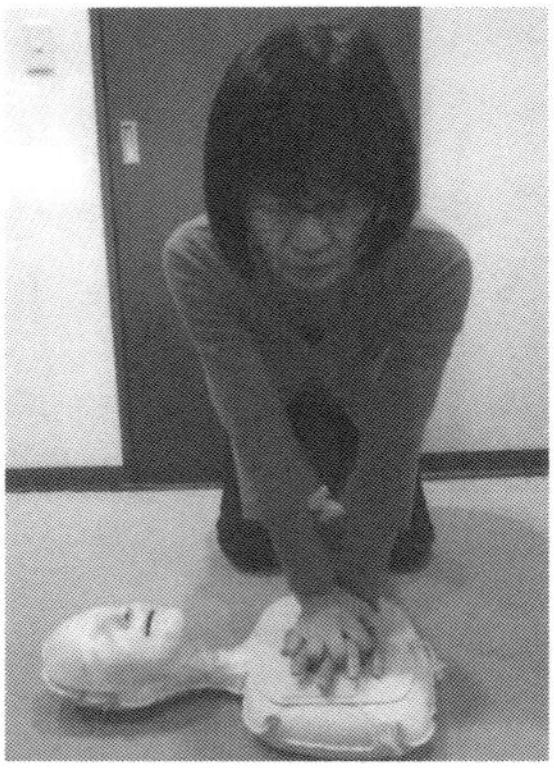

訓練用マネキンで正しく胸を圧迫すると音がする

始が、生存率アップの鍵をにぎる。

▽胸骨圧迫だけでも有効

改定のきっかけは、総務省に登録される病院外で生じた目撃のある心停止のデータ。人工呼吸を行った場合と比較し、胸骨圧迫だけでも有効であることが分かり、それまでの気道確保、人工呼吸、胸骨圧迫の順序から、胸骨圧迫、気道確保、人工呼吸に変更された。

人工呼吸ができない、あるいはためらわれる場合は、胸骨圧迫だけでも有効で、分かりやすく「ハンズオンリーＣＰＲ」（手だけの心肺蘇生法）と名付けられた。

圧迫が有効な理由は、血液を送り出し、残っている酸素を脳や臓器に行き渡らせるため。「胸骨圧迫で、胸の圧力が高まり、胸骨と背骨に挟まれた心臓から血液が送り出される」と、ガイドライン改定に携わった静岡県立総合病院院長代理の野々木宏さんは指摘する。

▽１分間に１００回圧迫

圧迫の手順は、まず、安全を確認し、倒れている人の胸が両膝の前に来るように座る。次に、正常な呼吸がないことを確認したら、胸の真ん中に手のひらの付け根を置き、その上にもう一方の手を重ね、指を組む。

コツは、手のひらの真上に自分の肩がくるように体を乗り出し、両肘をしっかり伸ばし、真上から上半身の体重をかけること。１分間に１

００回のテンポを目安に、胸が少なくとも５センチ沈むように強く速く圧迫を繰り返す。

▽家庭や夜間に多い

人工呼吸が可能なら、30回の圧迫の後に、気道確保して人工呼吸を2回行い、それを繰り返すが、できない場合は、ＡＥＤ（自動体外式除細動器）が届くまで圧迫のみを継続する。

消防署などで講習を受けられるが、最近は、個人で学べる簡易キットも登場。自分で空気を入れて使用する訓練用マネキン入りで、ＤＶＤとテキストを使い学習できる。正しく胸を圧迫すると、音がする仕組みだ。

「心停止の発生場所のトップは家庭で、夜間に多く、働き盛りの若い世代にも増えている。１１９番通報したら、すぐに胸骨圧迫を開始して、ＡＥＤにつなげてほしい」と野々木さん。

２０１３年２月２週号

(1)再登場する「ユッケ」　無菌パックで提供
(2)災害対応型に進化　変わる街路灯
(3)デスクに春を呼ぶ　香り付き花びら付せん
(4)＝新刊紹介＝「お散歩　写真概論」

(2)災害対応型に進化　変わる街路灯

街路灯が、災害対応型に進化している。太陽光発電で蓄電された電力で明かりをともすため非常灯として役立ち、工具やコンセントを搭載。公園や公共施設、マンションで、さらなる活用が期待される。

【両面受光で垂直設置】

両面受光型で非常用電源付きのすっきりした街路灯

すっきりおしゃれな外観の街路灯（矢木コーポレーション）は、地面に垂直な太陽電池モジュールに明かりがともる。

垂直設置を可能にしたのは、表裏両面で光を受け発電する太陽電池モジュール。

高透過強化ガラスの間に、両面受光型の太陽電池セルが挟まれ、設置方向を問わず、一日の発電量が一定になるのが特徴だ。

地面に垂直なので、積雪、鳥のふんやほこりの汚れによる無発電状態が解消され、周囲に積雪がある場合、雪の反射による光も利用。非常用電源を搭載し、携帯電話やスマートフォンなど情報通信機器の充電も可能だ。

【既設の柱に後付可能】

既設の柱に、フィルム型太陽電池を巻き付けた筒を、カセットをはめ込むように装着し、照明ヘッドと畜電池ボックスを後付けできるタイプ（ケンテック）もある。

外観は普通の柱と変わらないが、フィルム型太陽電池が巻き付けられた柱全体で受光でき、積雪や鳥のふん害だけでなく風の抵抗にも強い。長さ90センチほどのカセットタイプの太陽電池は、1～4個まで装着でき、制御ボードにより、点灯時間や明るさの変更も可能だ。

【工具搭載】

ジャッキやバールなど災害時に役立つ工具の入ったボックスを備える街路灯（ヨシモトポー

ル）も登場。方位表示する蓄光シートは、帰宅困難者を支援する。
風力発電機を搭載するタイプもあり、火災の際に、羽の動きで風向きが分かる利点も。また、備え付きの脚立を使い、取り外した照明を手元で使うこともできる。

2013年2月3週号

(1)防災訓練やキャンプで活用　炊き出しマニュアル
(2)湯こぼれ防止機能付きを　事故に注意、電気ケトル
(3)和モダンな照明　伝統工芸とのコラボ
(4)春の日差しを楽しむ　インテリア・チェック

(2)湯こぼれ防止機能付きを　事故に注意、電気ケトル

カップ1杯なら1分ほどで湯を沸かせる電気ケトル。便利でデザインもおしゃれと人気急上昇中だが、注意したいのが子どものやけど事故だ。安全性の高いものを購入し、使用上の注意が不可欠だ。

▽やけどの危険性
消費者庁と国民生活センターが共同で設けた医療機関ネットワークによれば、過去2年間で乳幼児が熱湯に触れ、熱傷を負ったという事故が15件起きた。ほとんどは床に置いた電気ケトルに乳幼児が触れたり、コードを引っ張るなどして本体が倒れたのが原因だ。
例えば、床に置いていた電気ケトルを乳児がはいはいをして触れて倒し、家族が乳児の泣き声に気づいて見ると、乳児の体に湯がかかって

湯こぼれ防止機能のある電気ケトルが安心

いた。生命の危険はないものの入院を要する中等症のやけどを負った。

乳幼児は大人に比べて皮膚が薄いため重傷化しやすい。

▽構造の違いを知る

消費者庁消費安全課は事故の背景として、「電気ケトルと電気ジャーポットの違いが消費者に十分、知られていない」と指摘する。

電気ケトルが０・５～１・２リットル程度、必要な分だけ早く湯を沸かすのに対して、電気ポットは２～５リットルの大量の湯を沸かし保温、再沸騰できる。

事故防止の点でも違いがある。電気ポットはＪＩＳ規格に基づき転倒時に漏れる湯の量を50ミリリットル以下にする試験基準をクリアしなければならないが、電気ケトルには適用されず、安価なものほど湯こぼれ防止機能が付いていない。

また、電気ポットは転倒しにくいように本体をわざと重くしているが、電気ケトルは軽量の上、湯の量も少なく倒れやすい。

▽安全性の高いものを

日本電機工業会（東京）に参加している国産メーカーの製品にはすべて安全対策が施されている。例えば、ふたにパッキンの仕組みを採用して湯が漏れにくい構造、ハンドルを重くして転倒した際に漏れる湯の量を電気ポットのＪＩＳ規格同様、50ミリリットルに抑えている。

同庁では、乳幼児のいる家庭では「購入時、お湯漏れ防止機能があるものを選び、本体及びコードに乳幼児の手が届かない高い位置のコンセントを使用する」などの注意を呼びかけている。

2013年2月4週号

2013年2月4週号

(1)若者に新鮮、シニア懐古　注目のアナログレコード
(2)本をモチーフに　最近の雑貨デザイン
(3)ワンポイント・インテリア　カラフルな木製スツール
(4)ミネラル豊富　ハマグリの風味焼き

(1)若者に新鮮、シニア懐古　注目のアナログレコード

アナログレコードが注目を浴びている。CDでは味わえない音が魅力で、若者に新鮮、シニア層には懐かしく、試聴イベントは盛況。音楽喫茶として地域活性につながったケースもある。

▽初めて見るレコード盤

昨年3月より、代官山蔦屋書店（東京）の音楽コーナーで月2回ほど開催される試聴イベント。無料で自由に聴ける空間ということもあり、初めてレコード盤を見る学生や子連れの女性などさまざまな年齢層が、2時間に50名ほど訪れる。

活躍するのは、針を使用せずにレーザー光線を盤の溝に照射し、音情報を読み取りレコード本来の音を再生する「レーザー・ターンテーブル」。音響メーカー「エルプ」（埼玉）が開発、製造し、公共施設やジャズ喫茶、レコード音楽

アナログレコードが人気に

愛好家に販売する。「生々しい音を肌で感じて」と同社。

ジャズを中心にロック・ポップスなど中古や復刻盤をそろえるレコード販売コーナーには、50～60代の定期購入者が多い。アーティストが新しいメディアとして、LPレコードを発売したり、レコードの音をCD化する動きもある。

▽地域活性化の効果

地域活性に一役買ったケースもある。横浜市今宿地域ケアプラザ（神奈川）の多目的ホールで昨春から月1回開催される音楽喫茶では、60～70代を中心に毎回40名ほどが、レコードの曲に耳を傾ける。

ルーツは、同ケアプラザの地域包括支援センターと地域交流部門が共催する月1回のカフェ。地域交流コーディネーターの職員が、女性に比べ少ない男性の参加者を増やしたいと企画を練っていたところ、「うちにレコードが100枚ある」という80代男性参加者の声から思いついた。

地域にレコードとオーディオの寄付を呼び掛け、1年間でLPレコードを中心に千枚以上、ドイツ製のスピーカーなどオーディオが複数そろった。

喫茶店のマスターがコーヒーをいれ、地域住民が接客し、同職員がリクエストに応える。男性利用が急増し、自分のレコードを持ち込んだり、オーディオに興味を示す人もある。

地域の社会福祉協議会から声が掛かり、町内会など会館5カ所に、レコードとオーディオを提供し音楽喫茶を展開予定だ。

2017年3月1週号

(1)体幹を鍛える　一本歯げたで訓練
(2)三角軸で美しい字　機能性高い幼児用鉛筆
(3)皮膚を活性化する　マカデミアオイル
(4)フリンジ生かして　マフラーでバッグ

(2)三角軸で美しい字　機能性高い幼児用鉛筆

鉛筆を正しく持ちきれいな字を書くために開発された機能性の高い幼児向けの鉛筆が豊富になった。入学・入園シーズンを前に、年齢や筆圧に合わせて上手に選んでみよう。

▽正しい持ち方で

箸と同じように鉛筆を正しく持つことを覚えることは幼児期に大切だ。正しく持つことができると手が疲れにくく学習効果が上がり、適度な筆圧が得られるため字を丁寧に美しく書け、姿勢もよくなる。

基本的な持ち方は、親指と人差し指で挟んで、中指は軽く添え、小指は紙の上に軽くつくようにして、60度くらいの角度に保つことだが、親指や中指を前に出したり、鉛筆が前に倒

年齢や筆圧に合わせて鉛筆を選びたい

れてしまう癖がつくことが多い。

【就学前の幼児に】

そこで初めて鉛筆を持つ幼児にはおにぎり型の三角鉛筆が握りやすく、正しい持ち方に。例えば『こどもえんぴつ6B』（くもん出版）は、太目の三角軸で、筆圧が弱い幼児でも楽に書ける軟らかな芯。鉛筆軸のマークを目印にすると、正しく握る習慣が自然に身につく。

『Yo-I ヨーイ おけいこえんぴつ』（トンボ鉛筆）は、就学前の2歳から5歳を対象に握りやすい太目の三角軸。一般品より約3割短くすることで、鉛筆が座高の低い幼児の頭に触れないよう配慮。文字を書く前のお絵かきの時期から正しい持ち方をすることが大切で、そのために最近では三角型のクレヨンや色鉛筆も販売されている。

【新入生用】

小学校入学児童用の『かきかた グリッパーえんぴつ』（三菱鉛筆）は、鉛筆の表層に新開発のノンスリップ加工を施しているため、すべりにくく握力の弱い幼児でもしっかり持つことができる。

『かきかた ナノダイヤえんぴつ』（三菱鉛筆）は、鉛筆芯にナノサイズの超微粒子ダイヤモンドと特殊オイルを配合することで、折れにくく弱い筆圧でも濃く滑らかに文字を書くことができる。日本語文字特有のトメ、ハネ、ハライが通常の鉛筆よりも美しく出ることも特徴。

最近はBや2Bの鉛筆芯が小学児童用のかき方鉛筆の主流だが、よく試し書きをして筆圧に合うものを選ぶこと。

2017年3月2週号

(1)補助犬同伴は拒否しない　身障者のパートナー
(2)水あめや食酢の作用で　家庭用オーガニック農薬
(3)アウトドアや防災用にも　新素材のグラス類
(4)＝新刊紹介＝「小松左京さんと日本沈没　秘書物語」

(1)補助犬同伴は拒否しない　身障者のパートナー

飲食店や病院などで補助犬を連れて入ることを拒否される事例が相次いでいる。補助犬に関する情報収集や啓発活動を行う専門家は「身体障害者の自立を助けるパートナーとの認識を社会全体が持つことが必要」と訴えている。

▽補助犬法を知らない

15年前に施行された身体障害者補助犬法は、盲導犬、介助犬、聴導犬の3種類を補助犬とし、公共の場所では同伴を拒んではならないと定めている。

2015年度末で、盲導犬は966頭、テレビのリモコンやケータイなどを運んだり、ドアを開ける介助犬は73頭、インターホンや目覚ましなどの音を知らせる聴導犬は64頭が登録されている。

ところが補助犬に関する情報発信などを行う日本補助犬情報センター（横浜市）事務局長の橋爪智子《はしづめともこ》さんは講演会場などでの経験を基に「施行当時の熱気が薄れ、存在そのものを知らない人がほぼ8割と圧倒的に多く、受け入れ拒否の温床」と指摘する。

▽病院でも発生

公益財団法人日本盲導犬協会の調査によれば、過去11年間で約257件の拒否事例が報告されているが、その半数以上が飲食店だ。保健所の指導が十分でないことや、食品衛生法や都道府県の条例では「厨房《ちゅうぼう》内に動物を入れてはならない」としているのを「客席も該当」と誤解しているのも原因だ。

また、病院でも発生しているのは深刻だ。例えば、盲導犬のユーザーが虫垂炎で緊急搬送された際、同伴を拒否され、その状態が個室での入院中も続いたケースもある。

補助犬は無駄にほえないなどマナーを厳しくしつけられ、衛生管理も万全であることを知ればこうした事例は起きにくい。感染症対策や抜け毛予防のブラッシング、毛が落ちないようケープを付け、決まった場所で定時に排せつする訓練も受けている。

また、「他のお客様のご迷惑になるから」という理由もよく聞く。それに対して有効なのが第三者の一言だ。「私は迷惑とは思いません。同伴は法律に基づいた権利ですよ」と声をかけるだけで、ユーザーの心理的負担は軽減する。

橋爪さんは「パラリンピックまでには拒否がゼロになるよう、社会全体で受け入れを進めてほしい」。

補助犬の同伴を啓発するマークを持ち「補助犬をもっと知って」と呼びかける日本補助犬情報センターの橋爪智子さん

2017年3月3週号

(1)宿泊施設不足解消に一役　新しいカプセルホテル
(2)繊細な色彩で表現　小樽のガラス工芸品
(3)水や汗に強い　合成ゴムアクセサリー
(4)手作り調理器で楽しむ　ソーラークッキング

(1)宿泊施設不足解消に一役　新しいカプセルホテル

外国人観光客が激増する中、ホテル不足や宿泊料金の高騰で注目されているのが割安なカプセルホテルだ。都市部だけでなく、地方や観光地周辺の商店街の空き店舗利用など地域経済の活性化にもつながると期待されている。

和風の雰囲気で広くなったカプセルホテルの室内

▽不足する宿泊施設

昨年、日本を訪れた外国人観光客は２４００万人を超えた。政府が発表した「明日の日本を支える観光ビジョン」ではオリンピックが開催される２０２０年には4千万人、インバウンド消費額８兆円の目標が掲げられている。

滞在中の主な支出は買い物、次いで多いのが宿泊料金でその需要はますます高まると予想されるが、国内のホテルと旅館を合わせた客室数はおよそ１５７万室と過去20年間横ばいで、供給が追いついていないのが現状だ。

今後、大都市圏以外に観光先が広がっていくことが予想され、宿泊施設の拡充が求められる。

▽和風でゆったり

打開策として注目されているのが、これまでのイメージを覆すカプセルホテルで、新仕様の客室だ。

『まゆ玉』（ＴＢグループ）と名付けられたスリーピングボックスは、まるで繭に包まれたような心地よさを追求した。外国人をターゲットに日本の伝統的な花鳥風月をモチーフにしたロールスクリーンや居室内デザインで和を表現した。

その特徴は客室の構造自体を変え、上段に２客室、下段に1室の3室でＹ字を構成。客室が上下に重なっていると、上段への出入りはスムーズにいかないので、上段の客室の真下に階段を設けた。そのため直線的に入室できるので体への負担が少ない。また、下段の宿泊客にも昇降時に見えにくくプライバシーが保てる。

▽施錠できるスペースも

利便性への配慮もある。機内持ち込みサイズ相当の手荷物収納スペース（縦55センチ、横40センチ、奥行き20センチ）を客室内に設置、施錠できるので手荷物などの一時保管も可能。また、通常の客室は約幅１００センチだが、できるだけ広々とした空間を提供するため、それを2割アップしたセミダブルクラスで、大柄な人が寝返りしても気にならない。

半完成品状態で搬入する従来のカプセル用ベッドと異なり、パーツごとの搬入が可能なので現地で簡単に組み立てられるのもメリットだ。

まゆ玉プロジェクトを進める同グループは「介護や運輸、製造業などの仮眠スペースや地方でのイベントでの仮設宿泊施設としても活用できる」と話す。

２０１７年３月４週号

(1)周囲への用心を欠かさない　狙われる一人暮らし女性
(2)味と香りの違いを楽しむ　新茶の新しい魅力
(3)わが家に合わせた防災計画　無料アプリで安全対策
(4)風味を楽しむ　フキの鶏肉巻き

(1)周囲への用心を欠かさない　狙われる一人暮らし女性

一人暮らしの部屋への帰宅時には「ただいま」と言いながら入るなど十分注意を

進学や就職などで一人暮らしの女性が増える時期。若い女性を狙う窃盗や性犯罪が増えているが、ほんの少しの注意が、わが身の安全を守る。

▽増える性犯罪

警察庁の調べでは、平成27年、ひったくりなどの窃盗、強姦《ごうかん》や強制わいせつなどの性犯罪、殺人、傷害、詐欺など女性が被害となる犯罪の認知件数は28万９３３４件。そのうち性犯罪は約１万件に及ぶ。

発生場所も多様化し、道路上、公園、駐車場、駐輪場のほか、一人暮らしのアパートなどの共同住宅で多発。犯罪傾向は、人目に付かない場所を事前に下見する、ターゲットの女性の家や周辺を確認して待ち伏せるなど巧妙化している。

【帰宅時の心得】

一人暮らしの部屋への帰宅時には、犯人が物陰に潜んでドアをあけた瞬間に押し入ることもあるので、周囲によく注意を払ってドアを開ける。マンションの入り口などで待ち伏せて一緒にエレベーターに乗り、女性がボタンを押した階の下の階で降り、階段を駆け上がって後ろから襲い掛かる事件も多く発生しているので、見知らぬ人とは同じエレベーターに乗らない。

家の鍵を自分で開けるのは、家内に誰もいないと周りに宣言しているようなもの。日ごろからブザーを鳴らしてから鍵をあけ、大きな声で「ただいま」といいながら家に入るなど、家族がいるかもしれないことをアピール。また近所付き合いをこまめにして、何かあった時は隣人に助けを求めるようにする。

【押し込み犯罪対策】

「隣の方の荷物を預かってほしい」「部屋から水漏れしているので、台所を確認させて」など、居住者、水道業者、宅配業者などを装ってドアを開けさせ、室内に入った瞬間に凶器で脅して強盗や暴行に及ぶ事件もある。

必ずドアスコープで確認し、相手の身分と要件を確認するまでドアチェーンを外さない。表札には男性名を併記し「女性の一人暮らし」でないことをアピールするのも有効。

各都道府県や地域の警察署から「安心安全メール」といって、自宅周辺の不審者情報や犯罪発生情報をメールで受け取れるシステムもあるので登録しておく。

【歩道上の注意】

バッグは車道と反対側に持ち、スマホを使ったり、イヤホンで音楽を聴きながらの「ながら歩き」はしない。自転車の籠にはカバー・ネットを装着。防犯ブザーはバッグの見える場所につければ、ひったくり予防や、いざというときには声の代わりになる。

あとがき

カチッ……時代を動かす歯車の音を聞いたのはいつ頃だっただろうか。

電車内で新聞や本を読む人はいない。ほとんどの人がスマートフォンを操作しているのを見たときだったか。「情報」の伝え方、伝わり方の急激な変化で今や、指先は使っても手や体を使わず、知恵を働かすこともない。実体のない暮らしがどんどん膨らんでいく感覚を肌で感じた。

かつて私は、「便利になった道具に振り回されるな、もっと五感を取り戻そう」と呼びかけた。もはやその声もむなしくかき消される。新聞の家庭面に携わったからこそ、暮らしに対しての矜持があった。しかし、時代は変わった。「家庭通信社」の役割が終わったのだ。

手元には、五二年間に配信した膨大な記事が残っている。「社会」「生活」「教育」「医学」「食」「衣」「住まい」「美容」「園芸」「趣味（手芸）」「家庭メモ」と分類し、整理してある。今でも通用する内容もあれば、そうでない記事もある。また記事に添える写真も、当初のモノクロからカラーに変わった。写真がいいと記事が生き、紙面での扱いがよくなり、掲載率もアップする。そこに写真の重要性も学んだ。今でも、取材し撮影した時の状況が一枚の写真から立ち上ってくる。

時宜に合った内容だと、十社以上の新聞に掲載される。この記事をどれくらいの人々が読んでいるだろうかと思うと、それは小気味よい快感でもあった。大新聞社一社の部数以上の読者になるからだ。野球選手がヒットやホームランを打ったときの思いと同じかもしれない。しかし、その記事に「家庭通信社配信」というクレジットが出るわけではない。掲載した新聞社が作成したかのようであり、こちらはあくまで黒子役なのだ。

こうして時代の暮らしを一部分にせよ切り取ってきた家庭通信社を、その存在も含めて記事の一部でも残したい。これからの暮らしがどのように変わっても、楔の一つとして残さなければと考えていたとき、論創社の森下紀夫さんから、「出版人に聞く」シリーズの番外編でまとめたいと声をかけていただいた。しかも小田光雄さんのインタビューは、私自身の人生をも振り返るきっかけになった。このような形で家庭通信社の存在を残せることになり、お二人には感謝するばかりだ。

長年「家庭通信社」の記者として支えてくれた三好亜矢子さん、隅田美幸さん、伴良美さん、三村恵子さん、あなたたちの活躍に心からお礼申し上げます。ありがとうございました。

二〇一八年七月

関根　由子

関根 由子（せきね　よしこ）
1946年、東京生まれ。1969年、日本女子大学社会福祉学科卒業。地方新聞社へ家庭欄の記事を配信する通信社の代表を務めた。長年、各地の女性職人たちへの取材を続けるかたわら、日本文化を再認識し、より楽しむための活動を主宰し、講座、展示会などの企画を行っている。著書に『伝統工芸を継ぐ女たち』（學藝書林）、『伝統工芸を継ぐ男たち』（論創社）。編著書に『生き路びき―自分らしい生き方を探す』（家庭通信社編・博文館新社発行）

家庭通信社と戦後五〇年史
――『生き路びき』と女性の生き方

二〇一八年　八月一五日　初版第一刷印刷
二〇一八年　八月二五日　初版第一刷発行

著　者　関根由子
発行者　森下紀夫
発行所　論　創　社
東京都千代田区神田神保町二―二三　北井ビル
電話〇三・三二六四・五二五四　ＦＡＸ〇三・三二六四・五二三二
振替口座〇〇一六〇・一・一五五二六六

組版　フレックスアート
印刷・製本　中央精版印刷
ISBN978-4-8460-1704-0　